JN195483

ドラゴン解剖学 竜の生態の巻

中華生活文化誌

中国モダニズム研究会

関西学院大学出版会

ドラゴン解剖学　竜の生態の巻

中華生活文化誌

中国モダニズム研究会

はじめに

『ドラゴン解剖学・竜の生態の巻　中華生活文化誌』をお届けします。

本書の章立ては、「〜する」という動詞で統一しました。「食べる」や「着る」、「住む」といったごく普通の日常的動作を通して、中国人の日々の生活のありようや暮らしの文化を紹介しています。

例えば私たち日本人の食習慣を見ると、この100年間だけでも、畳の上の食卓で箸を用いた伝統的な米食、というスタイルに、テーブルと椅子でスプーンやフォークを用いたパン食、という欧米型スタイルが加わり、お弁当や学校給食もあるなど、日本独自の食文化を語ることができます。他方、外国では、冷たい食べ物は体に悪いという理由でお弁当の習慣がなかったり（中国がそうです）、一日五食も食べる国があったり（スペインがそうです）するなど、日常生活にはその国・その地域の生活観・文化がはっきりと表れているのです。

本書では、あまりに日常生活に根付いているために、中国人自身は気付いていないけれども、実は特徴的な事象から、古くから伝承されてきた風俗・習慣、激しく変わりゆく中国社会の一端まで、様々に取り上げました。中国人の飾らないありのままの姿は、時に読者の皆さんの親近感や興味をかきたて、時に圧倒し、びっくりさせることでしょう。

とは言いましても、中国は約14億の人口を擁し、日本の約26倍の国土面積を誇る超大国です。地理的条件や気候の違いから、14億もの人々が同じ物を食べているはずがなく、同じような服を着ているはずもないということがわかります。また、メディアなどで盛んに紹介されている経済格差に目を向ければ、人々が目にする物、耳にする物もおそらく一様でないことは想像に難くありません。本書で紹介されていることは、中国・中華圏の生活の一面に過ぎないのです。

日本の寺山修司（1935-1983）は、フランスの小説家アンドレ・ジッド（1869-1951）の警句を用いて、「書を捨てよ、町へ出よう」と呼びかけま

した。これは決して「読書は無駄である、実践こそが有意義なのだ」という意味ではありません。たくさん読書をして思考した上で、実際の生活において様々な人や物事に向き合い、得た知識を活用する、ということです。知識を得ることとそれを活用することは、常に連動している循環運動のようなものなのです。

　本書を読んだら、次は実際に中国や中華圏へ赴き、あなた自身の目と耳で中国人の生活、中国社会を感じてみて下さい。あまりに幅広く奥も深いために、本書だけでは明かしきれなかった竜の生態を、読者の皆さんに是非とも探ってほしいと思います。

杉 村 安 幾 子

目　次

じめよう——本を探そう / 先行研究とは？ / 論文の探し方 / 中国語文献を探そう / 中国学の情報のうみへ——データベースで広がる世界 / 中国語を読もう——正確に読むために / 一次資料にあたろう / 情報が氾濫する時代に

第1章
食べる

中国料理の世界

〈中国料理〉といえば、家庭でもおなじみの餃子、焼売から、麻婆豆腐、青椒肉絲などの定番メニューにいたるまで、もはや日本人の食卓にはなくてはならないものになっています。味付けも日本風にアレンジされた料理以外に、北京ダックや上海蟹、広東の飲茶、台湾の屋台料理などがあります。本場の味に触れる機会も、横浜や神戸にある中華街で食べたり、また実際に旅行で現地を訪れたりすることで、多くなっているはずです。難解な料理名や、バリエーションに富んだ食材を前に、中国料理の複雑さに驚かされることも多いことでしょう。

中国の「食」は、世界中の人々の胃袋を満足させるだけでなく、「食」を生んだ風土や社会、歴史とも直結した文化そのものです。それはまた、人と人とのあいだの関係や感情を象徴するものとして、文学や映画などでも繰り返し描かれてきました。他方、いまや中国の各都市でも、フードコートやコンビニエンスストア、ファーストフード店などで、欧米や日本の軽食を気軽に楽しめるようになりました。「食」は時代を映す鏡でもあります。

本章では多彩な中国の「食」の世界を、手軽に読める書籍や映像作品を通して紹介したいと思います。

地方色豊かな中国料理

ひとくちに中国料理と言っても、広大な国土を持つ中国では、地方ごとに異なる特徴を持っています。[1]

---

1 地方ごとのさまざまな料理に手軽に親しむには、南條竹則『中華美味紀行』(新潮新

9

図1-1　中国料理の系統概念図

（『火の料理 水の料理』「料理系統概念図・関連特産品分布図」104-105頁をもとに作成）

　中国料理の基礎をわかりやすく解説した、**木村春子『火の料理 水の料理――食に見る日本と中国』**（農山漁村文化協会、2005）によりますと、伝統的な地方料理には、〈八大菜〉（バーダーツアイ）（「菜」は中国語で料理のこと）があるとされます。〈京菜〉（ジンツアイ）（北京料理）、〈魯菜〉（ルーツアイ）（山東料理）、〈淮揚菜〉（ホワイヤンツアイ）（江蘇省揚州を中心とする周辺地域の料理）、〈滬菜〉（フーツアイ）（上海料理）、〈徽菜〉（ホイツアイ）（安徽料理）（あんき）、〈川菜〉（ツアイ）（四川料理）、〈閩菜〉（ミンツアイ）（福建料理）（ふっけん）、〈粤菜〉（ユエツアイ）（広東料理）の八種です。それぞれの地域ごとに、使用される食材や味付けなどに違いがあるのが特徴です。

　例えば、〈北京〉や〈東北地方〉（遼寧・吉林・黒龍江省）（りょうねい・きつりん・こくりゅうこう）、〈山東省〉などの〈北方系〉は、冬の寒さが厳しく、気候が乾燥しているため、稲作よりも小麦などの粉食が中心です。またニンニクやニラなど、身体を温

書、2009）が、また日中の食文化の違いを通じて中国の歴史や文化にも触れてみたい人には、張競『中国人の胃袋――日中食文化考』（バジリコ、2008）がおすすめです。

める野菜や、羊、アヒルなどの肉、味噌や醤油、油といった調味料を多く使うことに特色があります。黒酢をつけて味わう〈水餃〉（水餃子）や、〈北京烤鴨〉（北京ダック）に加え、北京に行ったらぜひ味わってもらいたい羊肉のしゃぶしゃぶ〈涮羊肉〉、〈清代〉（1644-1912）の宮廷料理〈満漢全席〉なども有名です。また北京の横丁、〈胡同〉では、庶民たちに昔から親しまれた各種おやつ、〈小吃〉の世界が広がっています。[2]

　長江河口付近の豊かな台地に広がる〈上海〉や〈江南地方〉（長江下流南部地域）の〈東方系〉では、魚介類や野菜、米を豊富に産出します。よって、〈大閘蟹〉（上海蟹）や〈龍井蝦仁〉（龍井茶風味のエビ炒め）など、比較的甘めの味付けと、素材をいかした淡泊な味わいが特徴です。食通で知られた〈宋代〉（960-1279）の詩人、蘇軾（蘇東坡、1036-1101）が愛したといわれる、砂糖と醤油で煮た豚の角煮、〈東坡肉〉は、〈浙江省〉の省都〈杭州〉を代表する名物になっています。

　一方、肥沃な大地を意味する、「天府の国」の名称で知られる〈四川省〉や、〈雲南省〉を中心とした〈西方系〉は、辛味をいかした料理が有名です。山椒のたっぷり入った〈麻婆豆腐〉や、〈火鍋〉と呼ばれる鍋料理が代表と言えます。

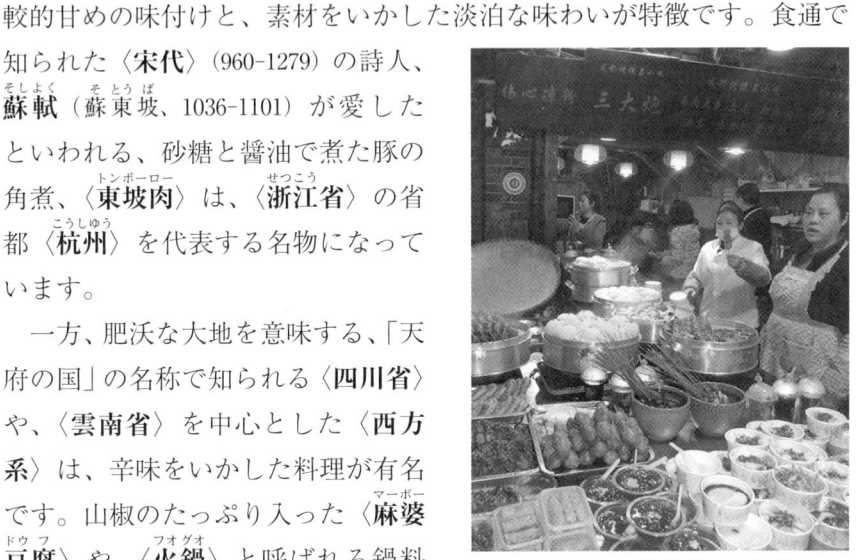

図1-2　四川省成都の屋台
（撮影：山本伸夫）

2　再開発によって消えゆく北京の胡同を紹介したものに、多田麻美『老北京の胡同――開発と喪失、ささやかな抵抗の記録』（晶文社、2015）があり、緑豆のスープ「豆汁」などの小吃についても記されています。食通で知られる英文学者、南條竹則には、『中華満喫』（新潮選書、2002）など、中国料理について多くの著書がありますが、なかでも『満漢全席・中華料理小説』（集英社文庫、1998）はお勧めの異色フィクションです。また芥川賞を受賞した中国人作家、楊逸は、著者の故郷である東北地方の食について回想した自伝的食エッセイ『おいしい中国――「酸甜苦辣」の大陸』（文藝春秋、2010）も書いています。

そしてなんといっても〈飲茶〉で有名な〈南方系〉は、高温多湿の〈広東省〉で発展しました。豊富な食材を誇るこの一帯と、世界中の人が集まるグルメの街として名高い〈香港〉は、まさに中国料理の代表と言ってもいいでしょう。

　食文化研究家の**小泉武夫**による『**中国怪食紀行——我が輩は「冒険する舌」である**』（光文社、2003）は、貴州省や広東省の「犬食」「蛇食」など、愛情をこめて各地の食文化を綴った旅行記になっています。また、香港の大衆食堂、〈茶餐廳〉のディープな世界を、豊富な写真と解説で紹介した、**龍陽一『香港無印美食**——庶民の味ワンダーランド　茶餐廳へようこそ**』**（TOKIMEKI パブリッシング、2005）を読めば、すぐにでも体験してみたくなるはずです。雲南省や〈**新疆ウイグル自治区**〉などの〈**少数民族**〉の食を詳しく研究した、**大石惇・森誠編著『中国少数民族　農と食の知恵』**（明石書店、2002）を読んでみるのもいいでしょう[3]。

「食」の文化史——古代から近代まで

　張競『中華料理の文化史』（ちくま文庫、2013）によれば、わたしたちが「中華料理」と考えているものは、実際にはきわめて歴史の浅いものであることがわかります。

　例えば、**孔子**（前 551- 前 479）の生きた〈**春秋時代**〉（前 770- 前 403）、現在の〈**河南省**〉周辺の〈**中原地方**〉では、米は非常に贅沢な食べもので、アワやキビなどの穀類、豆類が主食とされていました。肉や魚、野菜など、さまざまな食材が煮込み料理として食べられていましたが、なかには刺身のように、肉や魚を細切りにして、生のまま食べることもあったと言われています。

　また、〈**麺**〉や〈**餅**〉（小麦粉を練って焼いたもの）といった小麦粉の粉食は、〈**漢**〉（前 206-220）から〈**魏晋南北朝時代**〉（220-589）にかけて始まりました。〈**北宋**〉（960-1127）の時代では、〈**契丹**〉などの遊牧民族の食習慣の影響

3　中国料理について広く知りたい人には、王仁湘『中国飲食文化』（鈴木博訳、青土社、2001）、周達生『中国　世界の食文化』（農山漁村文化協会、2004）がおすすめです。

を受け、豚よりも羊肉を食べることが一般的だったといいます（現在では「肉」といえば豚が一般です）。まさに目からウロコの食の歴史をうかがうことができます。

図 1-3　青木正児『酒の肴・包樽酒話』

茶や酒などを含めた古代の飲食文化について、さらに詳しく知りたい人は、**王仁湘『図説 中国食の文化誌』**（鈴木博訳、原書房、2007）が格好の資料となるに違いありません。かつては「銘々膳」で食べられていた習慣が、やがて食卓に移り、大皿に盛ったおかずを大勢で食べる、現在の形になっていったことなども紹介されています。[4]

中国ではかねてから、〈文人〉が酒や食を楽しみながら語りあい、時にそれらを詩文や書にしたためることを風雅とする文化がありました。例えば、「酒仙」の呼び名を持つ**李白**（701-762）の**「月下独酌」**や、**杜甫**（712-70）の**「飲中八仙歌」**などの漢詩は、あまりにも有名です。

一方、食通が高じて料理書を書いた、〈清〉の乾隆年間の詩人、**袁枚**（1716-97）の**『随園食単』**（青木正児訳、岩波文庫、1980）は、膨大な数にのぼる料理について、調理法からその特色まで紹介しています。まさに中国料理のバイブルと言っていいでしょう。なお、訳者である中国文学者の**青木正児**（1887-1964）には、**『華国風味』**（岩波新書、1984）、**『酒の肴・抱樽酒話』**（岩波文庫、1989）、**『中華名物考』**（平凡社東洋文庫、1988）など、食を含む幅広い中国文化に関する本があります。[5]

古典小説では、食にまつわる必読書として、清代中期の小説 **『紅楼夢』**

4　ほかにも中国史の人物と食の関わりをわかりやすく紹介した本として、譚璐美『中華料理四千年』（文春新書、2004）、麺の歴史を解説したものとして、石毛直道『麺の文化史』（講談社学術文庫、2006）があります。

5　蘇軾などの詩人や、『水滸伝』といった古典文学の世界と「食」の関連を語ったものに、尾崎秀樹『中国酒食春秋 ── 中国文人の愛した酒と食』（講談社、2000）や、南條竹則『中華文人食物語』（集英社新書、2005）があります。

そうせつきん
（曹雪芹著、井波陵一訳、岩波書店、2013）が挙げられます。豪華絢爛な貴族たちの時代絵巻のなか、登場する料理はどれも想像を絶するものばかりです。中国四千年の歴史のなかで繰り広げられる美食の世界に手軽に触れるなら、**井波律子『酒池肉林──中国の贅沢三昧』**（講談社学術文庫、2003）が最適の入門書です。

図1-4　平野久美子『食べ物が語る香港史』

　中国料理は外からさまざまな影響を受けながら、歴史と社会の移り変わりを経て変化してきました。そのことは、〈**アヘン戦争**〉後に締結された〈**南京条約**〉（1842）から、1997年に中国に返還されるまで、イギリス植民地であった、〈**香港**〉の食事情からもうかがうことができます。

　香港の約一世紀半の歩みに沿って、そこで息づくさまざまな料理の成り立ちを検証したユニークな本に、**平野久美子『食べ物が語る香港史』**（新潮社、1998）があります。この本では、例えばイギリス植民地時代以前から香港で生活していた、船上生活者たちが食べていた、塩漬けの干魚料理「蛋家料理」_{ダンカー}から、イギリス人によって紅茶とともにもたらされた、「半島酒店」（ペニンシュラホテル）の「アフタヌーンティー」など、歴史的経緯が老舗の名店とともに詳しく解説されています。興味深いことに、返還後には世界各地の味覚を取り入れ、健康を重視した「港式飲食」（香港式「食」）が、「香港アイデンティティー」とも呼ぶべき意識を、香港人たちに強く認識させたといいます。このように、食文化の観点から近

6　本文で紹介できなかったものに、日本語で書く中華系作家たちによるエッセイがあります。邱永漢『食は広州に在り』（中公文庫、2006）、辛永清『安閑園の食卓──私の台南物語』（集英社文庫、2010）、楊逸『蚕食鯨呑──世界はおいしい「さしすせそ」』（岩波書店、2016）、一青妙『ママ、ごはんまだ？』（講談社、2013）などです。日本で中華料理の調理人として働く中国人主人公を描いた、楊逸『獅子頭（シーズトオ）』（朝日新聞出版、2011）もぜひ読んでいただきたい一冊です。

代史を紐解いていく手法は、同じ著書による『台湾好吃大全』（新潮社、2005）でも見ることができます。[6]

図1-5　陸文夫『美食家』

中国文学と映画に見る「食」

ここからは、現代中国の文学や映画のなかで、食がどのように描かれているのか見ていくことにしましょう。

「食」と中国文学といえば、おそらく多くの人が、魯迅（1881-1936）の「狂人日記」（『故郷／狂人日記』藤井省三訳、光文社古典新訳文庫、2009）を思い浮かべるはずです。ここに描かれるのは、周囲の人間に喰われるのではないかと日々怯える、被害妄想患者の独白です。人を喰う旧い儒教社会を痛烈に批判した書として、まさに〈五四新文学〉の幕開けを宣言した作品でした。

魯迅の作品「孔乙己」には、〈科挙〉に落第し続ける老書生が通う、立ち飲み屋「咸亨酒店」が登場します。一皿の〈茴香豆〉のつまみで〈紹興酒〉の熱燗をすするのは、魯迅が育った〈紹興〉（浙江省）の風物詩です。現在は紹興にある魯迅生家の隣に、咸亨酒店が再現されています。そこを訪れて、あのたまらない臭さで有名な、浙江名物の〈臭豆腐〉とともに、紹興酒に舌鼓を打ってみるのはどうでしょうか。

魯迅が描いた食人のテーマを、特捜検事「ジャック」が紛れ込んだ食肉の国、「酒国」として描き出したのは、ノーベル文学賞作家、莫言（1955-）の『酒国——特捜検事丁鈎児の冒険』（藤井省三訳、岩波書店、1996）です。酒国で繰り広げられる酒池肉林の世界を、魔術的リアリズムの筆致で描く超大作になっています。

一方、〈蘇州〉（江蘇省）の美食の世界を、ユーモアを交えて記したのが、陸文夫（1927-2005）の『美食家』（『陸文夫——美食家・他』松井博光訳、徳間書店、1990）でした。日々旨いものを追及する金持ちの男と、そんな美食家に

強い反発を抱きながらも不思議な縁で結ばれている主人公の、いわば半世紀に渡る奇妙な友情を綴った本作品は、数々の蘇州名物を登場させながら、食を通して〈中華人民共和国〉建国（1949 年）前後から、〈文化大革命〉（文革）終結後の 1970 年代後半までの、激動の時代を描き切った秀作です[7]。

　同じ時代をある家族の運命を通して描いたものに、**余華**（1960-）『**活きる**』（飯塚容訳、角川書店、2002）があります。**張藝謀**監督（1950-）の映画『**活きる**』（1994）のなかで、〈**大躍進運動**〉（1958）と〈**人民公社**〉（1958）の成立を受け、〈**公共食堂**〉で薬味と唐辛子風味のタレをかけただけの麺をみなですする場面を見て、なぜか急に空腹を覚えた観客も少なくないことでしょう。子供までもが鉄鋼生産に駆り出された結果、主人公一家の長男は、母がもたせてくれた水餃子を食べることなく、不慮の事故で亡くなってしまいます。水餃子は家族の絆を象徴するものであり、現在でも中国の「ソウルフード」としてさまざまな映画、ドラマのなかで頻繁に登場します[8]。

　食べるという行為が、疎遠になっていた家族や本来は他人どうしの人間たちを結びつける触媒となるのは、**王全安**監督（1965-）の映画『**再会の食卓**』（中国、2010）からもわかります。台湾と中国というふたつの場所に引き裂かれたある夫婦が、数十年ぶりに再会し、また最後に別れを決意する時、いつもそこにあったのは、食卓をともに囲む「家族」としての光景でした。

　それに対し、台湾の監督**アン・リー**（李安、1954-）の初期の名作『**恋**

7　陸文夫の作品で食をテーマとしたものはほかに、「ワンタン屋始末記」（陸文夫『消えた万元戸』釜屋修訳、日本アジア文学協会、1992）があります。また、大躍進運動後の大飢饉の年に生まれた少女が、貧困や複雑な家族関係のなかで悩みながらもやがて文学に目覚めてゆくまでを描いた、虹影『飢餓の娘』（関根謙訳、集英社、2004）は、魂の「飢え」を主題とした小説です。

8　餃子を食べるという行為を、病的なまでに美を追求する女性を主人公にしたホラー映画に仕立て上げたのが、オムニバス映画『美しい夜、残酷な朝』（日本・韓国・香港映画、2005）に収められた、フルーツ・チャン監督による「dumplings」（原作：李碧華『餃子』2004）です。一風変わった「料理映画」として、非常に見ごたえある作品になっています。

人たちの食卓』（台湾、1994）では、父親が毎週末に腕を振るって作る豪華な料理を前にしても、互いの溝が埋められない家族をテーマとしています。原題の「飲食男女」であらわされているように、食は男女の情と同じように人間にとって根源的な「大欲」であり、ともに人々にさまざまな喜怒哀楽の感情をもたらすものなのです。

図1-6　『恋人たちの食卓』DVD（マクザム、2017）

ほかにもさまざまなカップルを、食をキーワードに描いた、**張楊**監督（1967-）のオムニバス映画『**スパイシー・ラブスープ**』（中国、1998）や、コメディータッチで料理決戦を描いた映画に、**ツイ・ハーク**監督（徐克、1950-）の『**金玉満堂 決戦！ 炎の料理人**』（香港、1995）、**チャウ・シンチー**監督（周星馳、1962-）の『**食神**』（香港、1997）、**陳玉勲**監督（1962-）の『**祝宴！ シェフ**』（台湾、2013）などがあります。

一方、実力派女性作家による小説では、**池莉**（1957-）『**ションヤンの酒店**』（池上貞子訳、小学館文庫、2004）、**遅子建**（1964-）『**今夜の食事をお作りします**』（竹内良雄、土屋肇枝訳、勉誠出版、2012）がおすすめです。前者は〈湖北省〉の省都〈武漢〉の屋台でひとり、名物の「鴨頸」（アヒルの首）を売ってたくましく生きる女性を主人公としたものです。後者には、〈黒竜江省〉の厳しい自然条件下で生きる人々にとって、食べるという行為がいかに大切で、生の根本であるかを認識させられる作品が収められています。

若手作家たちの描く食文化は、まさに現代中国の姿をまざまざと見せつけるものになっていると言えるでしょう。**潘向黎**（1966-）の「**青菜スープの味**」（藤井省三訳、『すばる』2005.8）に登場するのは、「エステと村上春樹」が趣味の若い愛人が作る、「村上レシピ」と呼ばれる西洋風料理の数々です。これに対し、ひたすら夫の帰宅を待っていた妻は、最後に以前と

はまったく味の異なる「青菜スープ」を作って、夫に復讐します。若手スリラー作家の代表、蔡駿（1978-）は、「美食の夜の物語」（上原かおり訳、施戦軍編『灯火』外文出版社、2015）で、上海の豪華フェリーの上で繰り広げられる、おぞましい「美食」の饗宴をミステリータッチで記しています。

　このような小説のほか、食をテーマとした詩としては、香港の作家、也斯（1949-2013）による『アジアの味』（池上貞子編訳、思潮社、2011）、台湾の詩人、焦桐（1956-）による『完全強壮レシピ』（池上貞子訳、思潮社、2007）が挙げられます。

「舌の上の中国」──現代の食

　近年、「食」をめぐって大きな話題を呼んだのは、中国・中央テレビ制作の料理ドキュメンタリー番組、『舌の上の中国』（「舌尖上的中国」）でした。中国各地の食を自然風土と大地に根付く人間の営みを通して描いたこのドキュメンタリーは、大きな反響を呼びました。「舌の上」がグルメを意味する流行語にもなったほどです。単に美食を紹介するばかりでなく、豊かな大地と食文化を誇る「偉大なる中華」を、人々に強く再発見させる役割を担ってもいます。食はここでも、国家のアイデンティティー形成に一役買っていると思われるのです。

　急速に変化する社会を反映して、中国の食文化は、今日では大きな変化を遂げました。これまでは一般的ではなかった食べもの、例えば牛乳、チーズなどの乳製品や牛肉、ワイン、コーヒーなど、西洋化に伴ってさまざまな食材が楽しまれるようになっています。

　調理方法も同様です。かつては生ものや冷たいものを食べなかったのが、寿司やサラダがヘルシー志向の若者に人気となっています。また、日本料

図 1-7　上海の商業施設
（撮影：神谷まり子）

理店や韓国料理店、ステーキハウスをはじめ、海外のレストラン、ファーストフードのチェーン店もこぞって進出し、街の光景を一変させました。このような急激な食生活の変化を迎えている今日の中国だからこそ、上記のような料理ドキュメンタリーが脚光を浴びるのだとも考えられます。

　また、食習慣やマナーも変化してきました。以前までは、食べきれないほどの料理を用意して客人をもてなすことが通常でしたが、今では環境保護などの観点から食べ残しをしないよう奨励する、「文明用餐」（文明的に食事をしよう）キャンペーンも進められています。食料の購入方法も、1980年代までの「糧票」（食糧配給切符）を使用した配給から、スーパーマーケットやインターネットを利用した買い物へと変化しました。今では野菜市場までも「スマホ決済」が一般的になっています。

　しかし、食習慣や文化が変化しても、人々の食に対する旺盛な欲求は変わらないと思われます。「食」は文化の重要な一部として、永遠に色褪せることのないテーマなのです。

読んでみよう・調べてみよう！

1　本章であげた書籍を読み、食習慣、食材、マナーなどを含む、日本と中国の食文化の違いについて考えてみよう

2　餃子などの特定の料理について、小説や映画のなかで描かれ方にどのような相違点があり、それぞれどんな意味づけがされているのか、検討してみよう

3　「食」に関連した中国語（「吃豆腐」「喝西北風」など）を挙げ、それぞれどのような意味があるのか、考えてみよう

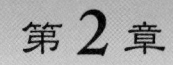

第2章
着る

チャイナドレス、人民服、ファッション

　日本の伝統的ファッションといえば、着物ですね。最近は日本へ来た海外の観光客が、京都などで着物や浴衣（ゆかた）を着て街歩きする姿をよく見かけます。では中国のファッションといえば、何が思い浮かびますか。

　そう聞かれれば、〈チャイナドレス〉を挙げる人が多いでしょう。実際のところ、中国の大都市〈北京〉や〈上海〉の街中で、チャイナドレス姿の女性を見かけることはあまりありません。日本人にとって着物が普段着ではないのとよく似ています。

　チャイナドレスは日本でも売られていますが、現地で購入してみても面白いかもしれません。既製品の安価なものは、100元（日本円で約1700円）ほどですが、生地（きじ）やデザインにとことんこだわったオーダー品となると、数千元以上にもなります。本体は「絹（シルク）」や「綿」でできており、縁起が良いとされる「赤」をはじめ、さまざまな色のものがあります。花や草木、龍などの美しい「刺繡（ししゅう）」を施したものもあり、両側には女性の脚を美しく見せる「スリット」が入っています。

　オーダーメイドの場合、採寸はなんと、全身18箇所にも及びます。私がかつて上海へ留学していた時、素敵なお店を見つけ、「ダイエットに成功したら採寸してもらう！」と心に誓ったものの、実現せず……。中国はおいしいものが多いので仕方ないですね。

　ちなみに、「チャイナドレス」は、いわゆる「和製英語」です。中国語では"旗袍（チーパオ）"といいます。英語では一般的に"Cheongsam"（チョンサム）や"Mandarin gown"（マンダリンガウン）といいますが、最近では中国語の〈ピンイン〉（"拼音"、ローマ字を用いた中国語音の表記方法）を用いた、

"Qipao"（チーパオ）も使われます。

　チャイナドレスについて簡単にお話ししましたが、他にも色々な
ファッションがあります。本章では「着る」というテーマのもと、中華
圏の主に女性のファッションについて見ていきましょう。[1]

再現された装い──清朝以前のファッション

　中華圏で今も絶大な人気の女性作家、**張愛玲**（1920-95）は、ファッ
ションに関するエッセイ「更衣記」（1943.12。もとは英語による執筆、原題は
"Chinese Life and Fashions"）のなかで、次
のように語りました。[2]

　　清朝の三百年の統治の下では、女
　　性たちにファッションと呼べるよう
　　なものはなかった。一代また一代と、
　　人々は同じような衣服を着て、飽き
　　ることはなかった。

　張愛玲自身はファッション好きで有名
でした。作品のなかでも登場人物の衣服
を詳細に描いています。張愛玲作品の
翻訳、『**傾城の恋**』（池上貞子訳、平凡社、
1995）、『**中国が愛を知ったころ──張愛
玲短篇選**』（濱田麻矢訳、岩波書店、2017）、『**傾
城の恋／封鎖**』（藤井省三訳、光文社古典新

1921

図 2-1　張愛玲が描いたチャイ
ナドレス
（出典）"Chinese Life and Fashions."
The XXth Century. 1943.1.

<hr />

　1　中国の服装について、通史的な流れをつかむには、華梅の二冊の著作、『中国服装史
──五千年の歴史を検証する』（施潔民訳、白帝社、2003）、『ゼミナール中国文化　服飾編』
（徳永冬美訳、グローバル科学文化出版、2016）が便利です。
　2　張愛玲については、本書シリーズの二冊目、中国モダニズム研究会編『ドラゴン解
剖学・竜の子孫の巻　中華文化スター列伝』（関西学院大学出版会、2016）第 6 章「戦争・
恋愛・家庭を描いた女性作家たち──張愛玲」を参照してください。

訳文庫、2018) などでその服装の描写を味わってみてください[3]。

　張愛玲の言うとおり、中国において女性のファッションは、長い間大きな変化はなかったのかもしれません。しかし中国に服飾の歴史がなかったなどということはありません。

　張愛玲と並んでファンが多く、稀有な才能の持ち主だった作家の**沈従文** (1902-88) は、1949 年の〈**中華人民共和国**〉建国後、創作の筆を断ち、服飾の歴史研究に没頭します。『**中国古代の服飾研究**』(増補版、古田真一・栗城延江訳、京都書院、1995) はその画期的な成果です。この本をながめるだけでも、中国の服飾史の豊かさが理解できるでしょう。

　中国で女性の衣装がその美しさにおいて一つの高みに達したのは、早くも〈**唐代**〉(618-907) です[4]。中国の美人といえば、この時代を生きた**楊貴妃** (719-756) を思い浮かべる人も多いでしょう。『**大唐王朝の華——都・長安の女性たち**』(兵庫県立歴史博物館ほか編、同展全国実行委員会、1996) は、ながめているだけで楽しい図録です。唐代に描かれた「美人画」は、中国の女性美の典型の一つとされます。日中間の美意識の差異を論じた一冊、**張競『美女とは何か——日中美人の文化史**』(角川ソフィア文庫、2014) は興味深く読めるでしょう[5]。

　歴史的な服飾は、20 世紀に入ると、中国の伝統劇の一つ、〈**京劇**〉の世界で美しく復活します。京劇史上最高の役者の一人、**梅蘭芳**(1894-1961) は、「古装劇」と呼ばれる京劇ジャンルのなかで、伝統的な服飾を美しく着飾りました。ただし京劇の衣装は、特に時代考証をしていないので、その点注意が必要です。梅蘭芳については、**加藤徹『梅蘭芳——世界を虜にした男**』(ビジネス社、2009) が面白く読めます[6]。

　3　張愛玲とファッションについては、池上貞子『張愛玲——愛と生と文学』(東方書店、2011) の「着・語る作家張愛玲」に簡潔にまとめられています。

　4　唐代のファッションに興味があれば、張藝謀監督『LOVERS』(2004) をおすすめします。衣裳を担当したのは日本人の衣裳デザイナーのワダ・エミです。

　5　西施や王昭君のような有名人から知られざる人物まで、中国の美人にまつわるお話としては、陳舜臣『中国美人伝』(中公文庫、2007) をどうぞ。

　6　梅蘭芳については、前掲『ドラゴン解剖学・竜の子孫の巻　中華文化スター列伝』第 7 章「激動の時代を生きた美しい男——梅蘭芳」もご覧ください。

現代では、テレビドラマや映画のなかで、歴史的な衣装が美しく再現されています。中国の「宮廷ドラマ」は日本でも放送され、小さなブームとなっています。梅蘭芳はかつて、中国を代表する京劇役者として、「四大名旦」（"旦"とは女形のこと）の一人とされました。現在の中国で人気の女優たち、「四大花旦」（"花旦"は活発な娘役）の一人、趙薇（1976-）が主役をした『還珠姫──プリンセスのつくりかた』（原題『還珠格格』、1998-99）は、中国で大ブームを起こしました。趙薇の演じた役"小燕子"は人気となり、日本でも吹き替え版がテレビ放送されまし

図2-2　ドラマ『宮廷女官　若曦』
（上海唐人電影制作有限公司、2011）

男性陣はみな辮髪をしている（前頭部の髪を剃り、後頭部の髪を伸ばす、清朝時代の髪型）

た。原作は台湾の人気作家、瓊瑤（1938-）で、日本語訳の『還珠姫』（阿部敦子訳、徳間書店、2005）もあります。中国の宮廷ドラマは他にも、『還珠姫』と同じく〈清代〉（1644-1912）の宮廷を舞台にした『宮廷女官若曦』（2011）や、〈唐代〉の『武則天── The Empress』（2014-15）などが人気を博しました。

　中国の人気小説ジャンル、〈武俠小説〉の大家である金庸（1924-）は、その小説のほとんどがドラマや映画化されています。代表作の一つ『射鵰英雄伝』全5巻（岡崎由美監修・金海南訳、徳間文庫、2005）は何度もドラマ化されてきましたが、李亜鵬（1971-）や、これも「四大花旦」の一人、周迅（1974-）が主演を務めたテレビドラマ『射鵰英雄伝』（2003）は傑作とされ、ストーリーだけでなく、女優たちの絢爛豪華な衣装も見ものです。

　中華圏の大都市や観光地では、写真館でさまざまな中国の服を着て、〈芸術照片〉（芸術写真、日本では「変身写真」とも）を撮ることができます。

映画やテレビのロケ地めぐりをしながら、華やかな中国歴代の服飾を試してみてはいかがでしょうか[7]。

チャイナドレスの時代

〈清朝〉の時代、ファッションに乏しかった中国ですが、20世紀に入るとチャイナドレスの流行によって、女性のファッションは大変革を迎えます。

チャイナドレスの中国語名〈旗袍（チーパオ）〉は、清朝の支配者だった〈満洲族〉が、社会・軍事組織である「八旗（はっき）」に属していたため、〈旗人（きじん）〉と呼ばれていたことに由来します。つまり、旗人の女性が身につけていた衣服、というわけです。清朝の統治政策では、旗人女性は旗袍を、漢人女性は上下が分かれたツーピースを着用しなければなりませんでした。これは漢人女性の従来からの習慣を尊重しているように見えて、歴然とした民族の差があったことを意味してもいます。

しかしここでもまた転機が生まれます。その舞台となったのは〈上海〉です。〈アヘン戦争〉（1840-42）の結果、1842年の〈南京条約〉により開港した上海には、西洋の〈列強〉が行政や警察権を行使できる〈租界（そかい）〉（居留地）が置かれました[8]。そのため上海では早くから西洋化が進み、伝統的なデザインの旗袍は流行遅れだとみなされました。誇り高き満洲族の女性も、漢族の女性をまねたツーピースを着ることが多くなります。また、当時の女子学生のファッションがツーピースであったことも、それを着ることが「モダン」であるという証（あかし）となりました。

しかし、流行はいつの時代もくり返すのでしょう。時代遅れとみなされていたチャイナドレスも、1920年代ごろになると、身体の曲線にぴったりと沿うものが生まれ、人気を博すようになります。

7　ほかに、「女装」「男装」という異色の服装文化については、武田雅哉『楊貴妃になりたかった男たち──〈衣服の妖怪〉の文化誌』（講談社選書メチエ、2007）があります。

8　上海の歴史については、榎本泰子『上海──多国籍都市の百年』（中公新書、2009）など数多くの書籍が出ています。広岡今日子・榎本雄二『時空旅行ガイド大上海』（情報センター出版局、2006）も楽しく読める一冊です。

その後も毎年のように、チャイナドレスのかたちに改良が加えられていきます。ある年は襟の高いものが好まれたかと思うと、翌年は低い襟が流行ることもあり、また袖口のかたちやスリットの深さも変化しました。このようなチャイナドレスを〈海派旗袍〉（上海風のチャイナドレス）と呼びます。これに対し、古い都である〈北京〉一帯には、独自の〈京派旗袍〉（北京風のチャイナドレス）がありました。ボディラインを出さないよう裾にかけて幅が広くなる、「Aライン」のものです。

チャイナドレスについては、**謝黎『チャイナドレスの文化史』**（青弓社、2011）が詳しく、また**李子雲ほか『チャイナ・ガールの1世紀——女性たちの写真が語るもうひとつの中国史』**（友常勉ほか訳、三元社、2009）は多くの写真やイラストがあり、楽しめる一冊になっています[9]。

ここでちょっと視点を変えて、映画で再現されたチャイナドレスを見てみましょう。〈香港〉を代表する映画監督、**王家衛**（1958-）の作品には、チャイナドレスを着た女性がよく登場します。なかでもチャイナドレス姿が一段と輝いていたのは、『花様年華』（2000）で香港の大女優、**マギー・チャン**（張曼玉、1964-）が演じた、チャン夫人ではないでしょうか。全編98分のなかで、なんと20着以上も登場します。チャン夫人は夫の浮気を疑いながらも、問いただすことができず、一方で好意を寄せられた男性に対しても内なる感情を秘めたままでいました。その気持ちを代弁するかのように、彼女のチャイナドレスは襟が高く、身体にぴったりと合い、女性らしさを強調しつつも、窮屈さや束縛感を感じさせ、心の内面の抑圧を表しているかのようです[10]。

纏足からハイヒールへ

中国では、1920年代から1930年代にかけて、〈月份牌〉というカレ

9　関西学院大学博物館で2017年に開催された、展覧会の図録『装いの上海モダン——近代中国女性の服飾　広岡今日子コレクション』（2017）は美しい一冊です。

10　王家衛監督の作品ではほかに、「エロスの純愛——若き仕立屋の恋」（オムニバス映画『愛の神、エロス』中の一編、2004）や『2046』（2004）もおすすめします。映画の中で着用されているチャイナドレスはどれも繊細で美しく、見ていてうっとりします。

ンダー広告が流行しました[11]。そこに描かれているのは、チークや口紅、マスカラを用いた西洋風メイクを施し、チャイナドレスに身を包んだ中国人女性の姿です。図 2-3 は、香水やせっけんなど、化粧品会社の月份牌ですが、その女性の足元を見てみると、「ハイヒール」を履いています。

ハイヒールは都会の女性たちを中心に流行しましたが、すべての女性たちの間で浸透していたわけではありません。ハイヒールを履くまでに、大きな変化がありました。

〈纏足〉ということばを聞いたことがありますか。女性がまだ幼いうちに、足が大きくならないよう、包帯できつく縛りあげる奇習、などと

図 2-3　月份牌
（出典）孫中山記念館 HP より。https://www.lcsd.gov.hk/CE/Museum/Coastal/zh_CN/web/sysm/exhibition/special_exh_wonderfultimes.html

高校の世界史の時間に習った人もいるかもしれません。補足すれば、〈唐代〉（618-907）に始まったといわれ、20 世紀初頭の〈清末〉まで幾度となく禁止令が出たものの、やめる人は多くありませんでした。纏足をした女性はうまく歩けませんが、その弱々しい歩き方が性的な魅力となり、男性たちを虜にしました[12]。女性の足は小さければ小さいほど良いとされ、結婚の条件となりました。

実際の纏足はどのぐらいのサイズでしょうか。纏足を施した足の美しさを表現する、「三寸金蓮」ということばがありましたが、「三寸」とは

11　「月份牌」については、劉建輝「壁に掛けられた摩登 ── 欲望都市を現出するもう一つの表象」（『アジア遊学』62 号、勉誠出版、2004）の解説が参考になります。

12　女性の身体的特徴としての「乳房」については、武田雅哉編『ゆれるおっぱい、ふくらむおっぱい ── 乳房の図像と記憶』（岩波書店、2018）をご覧ください。

約 9cm ほどです。つまり、纏足をした女性の足のサイズは、10cm 以下だったということになります。現代の私たちからすれば、いかに小さいかがわかります。

　纏足については、19 世紀末に改革派の知識人、**康有為**（こうゆうい）（1858-1927）が発起人となり、「反纏足」を呼びかけました。1895 年の〈日清戦争〉敗戦を受け、救国や富国強兵のために、長らく続いた悪しき習慣から、女性たちを「解放」したことになります。これを〈**放足**〉（ほうそく）といい、徐々に広がりましたが、農村部では 20 世紀末まで、纏足をした女性が見られたそうです。

　纏足については、**ドロシー・コウ『纏足の靴――小さな足の文化史』**（小野和子・小野啓子訳、平凡社、2005）、**高洪興『図説　纏足の歴史』**（鈴木博訳、原書房、2009）などをご覧ください。[13]〈**明代**〉（1368-1644）の長編小説『**金瓶梅**』（小野忍・千田九一訳、岩波文庫、1973-74）には、纏足を施した女性たちの姿が描かれています。纏足を題材にした現代小説には、**馮驥才**（ふうきさい）**『纏足―― 9 センチの足の女の一生』**（納村公子訳、小学館文庫、1999）があります。纏足をほどいたあとの女性たちの活動については、**夏暁虹**（かぎょうこう）**『纏足をほどいた女たち』**（藤井省三訳、朝日選書、1998）があります。[14]

　本章では主に〈**漢族**〉の「着る」を見てきましたが、中国には漢族以外に、55 の〈**少数民族**〉がいます。[15]少数民族のきらびやかな衣装も大変すばらしいものです。少数民族の衣装を一覧するには、**『色彩のコスチューム――中国 55 少数民族の服飾』**（京都書院、1997）が便利です。[16]少

13　纏足についてはほかに、やや古い本ですが岡本隆三『纏足物語』（東方書店、1986。福武文庫、1990）や、西洋人女性による纏足禁止運動について記した、東田雅博『纏足の発見―― ある英国女性と清末の中国』（あじあブックス、大修館書店、2004）もあります。

14　中国の女性史やジェンダー史については、関西中国女性史研究会編『中国女性史入門―― 女たちの今と昔』（増補改訂版、人文書院、2014）、小浜正子ほか編『中国ジェンダー史研究入門』（京都大学学術出版会、2018）、スーザン・マン『性からよむ中国史―― 男女隔離・纏足・同性愛』（小浜正子ほか訳、平凡社、2015）をご覧ください。

15　少数民族については、中国モダニズム研究会編『ドラゴン解剖学・登竜門の巻　中国現代文化 14 講』（関西学院大学出版会、2014）第 13 章「〈多民族国家〉としての中国―― 東アジアのなかで」を参照してください。

数民族の衣装のなかでも、〈雲南省〉や〈湖南省〉など、西南地方に居住する〈苗族〉の衣装や刺繍はすばらしく、**鳥丸知子『ミャオ族の民族衣装　刺繍と装飾の技法——中国貴州省の少数民族に伝わる文様、色彩、デザインのすべて』**（誠文堂新光社、2017）に詳細な紹介があります[17]。

人民服の時代

ファッションが開花し成熟を見せた時代も、やがて終わりを告げます。

1949 年、**毛沢東**（1893-1976）が指導する〈**中国共産党**〉によって、〈**中国人民共和国**〉（新中国）が成立し、1966 年からは〈**プロレタリア文化大革命**〉（文革）の嵐が吹き荒れました[18]。〈**社会主義**〉国家の中国では、農民を中心とした〈**労働者**〉が主役となり、濃紺や緑色、カーキ色の〈**人民服**〉の着用が義務付けられます。これまでのきらびやかな装いは全否定されました[19]。

〈**人民服**〉とは、上は襟付きのジャケットにベルトを締め、下は長ズボン、といういでたちで、男女共通のものです。20 世紀前半の〈**中華民国**〉（1912-49）の時代は、〈**中山服**〉と呼ばれていました。建国の父で革命家の**孫文**（1866-1925）が発明したとされ、孫文の〈**号**〉である「中山」に

図 2-4　人民服を着た蒋介石（左）と毛沢東（右）、1945 年

16　松岡格（著）・ワタナベマキコ（イラスト）『中国 56 民族手帖』（マガジンハウス、2008）も手軽で楽しい本です。

17　苗族の服飾文化についてはほかに、苗族刺繍博物館『ミャオ族の刺繍とデザイン』（大福書林、2016）もあります。

18　武田雅哉『よいこの文化大革命——紅小兵の世界』（廣済堂出版、2003）は、当時の児童雑誌などを用いて、子供たちがいかに文革をとらえていたのかを解説しています。

19　文革をテーマ・背景にした映画として、張藝謀監督の『活きる』（1994）、『サンザシの樹の下で』（2010）、『妻への家路』（2014）を挙げておきます。

ちなんで〈中山服〉と名づけられました。孫文率いる〈**中国国民党**〉の幹部たちが着ていましたが、1945年に始まる〈**国共内戦**〉（国民党と共産党の内戦）を経て、中華人民共和国が成立すると、毛沢東によって改良が加えられ、国民服である〈人民服〉となりました。[20]

　文革の時代、毛沢東を支持する高校や大学生たちにより結成された、革命の徹底を目指した〈**紅衛兵**〉も、人民服を着て、腕には真っ赤な「腕章」をつけ、手には同じく真っ赤な『**毛沢東語録**』（毛沢東の文章から抜粋した短文集）を持っていました。男子同様、その担い手を任された女子学生たちも、「紅装を愛さず　武装を愛す」（おしゃれな装いはせず、戦うための装いをする）という標語を掲げました。

　1976年に文革が終結し、1978年以降の〈**改革開放**〉を迎えて、人々はふたたび外国製品に触れる機会を得ます。欧米からやって来たラッパズボンやジーンズ、ミニスカート、サングラスを、若者たちはこぞって手に入れました。

現代のファッション──「日系」の影響力

　2001年に〈**台湾**〉で、日本のマンガを原作とするテレビドラマ『**流星花園**』が放送されました。神尾葉子のマンガ『花より男子』（集英社、1992-2004）のドラマ化です。「英徳学園」を牛耳るイケメンお坊ちゃん4人組、「F4」を演じた俳優たちは、ドラマが終了後も人気を得ました。その後、日本、韓国、中国でもそれぞれドラマ化されました。

　最初のドラマ放送から17年を経て、2018年に中国で、リメイク版『流星花園2018』が放送されました。[21]「新F4」は、まるでモデルのような体型で、洗練された感じがします。そしてヒロイン、「牧野つくし」を

20　乗松佳代子「現代中国の服飾と社会に関する初歩的考察──中山服と旗袍を一例に」（『愛知県立大学大学院国際文化研究科論集』第10号、2009）は、20世紀初頭からの「国民的衣装」の代表として、男性の中山服と女性のチャイナドレスを挙げ、その変遷を追っています。
21　リメイク版『流星花園2018』は2018年8月からNetflixで視聴できるようになりました。日本語字幕も選択可能です。

演じた中国の女優、**沈月**（シェン・ユエ）（1997-）は、〈**日系**〉の美少女と評されました。〈**日系**〉とは日本風、日本人っぽいという意味です。これまで中国人女優といえば長身の美人というイメージでしたが、確かに沈月は平均身長ほどで、顔立ちも美人というよりは可愛い感じです。

〈**日系**〉の登場には背景があります。1990年代後半、台湾で日本のポップカルチャーを熱愛する若者たち──〈**哈日族**〉（ハーリーズー）（1990年代後半、台湾で日本のポップカルチャーを熱愛する若者たち）が登場しました。もともと〈**親日**〉家が多いとされる台湾を皮切りに、〈**香港**〉、やがては〈**中国大陸**〉にもそのブームは広がりを見せました。[22]

図2-5　『流星花園2018』の主要キャスト

（出典）人民網日本語版 2018 年 7 月 3 日の記事より。http://j.people.com.cn/n3/2018/0703/c206603-9476905.html

　近年では、2015年度の流行語大賞に選ばれた〈**爆買い**〉ということばの通り、日本中の百貨店などで、買い物を満喫している中国人ご一行様を目にします。私にもこんなことがありました。中国人の友人が日本へ遊びに来た際、どうしてもほしいバッグがあるということで、都内にある有名ブランドの路面店へ一緒に行きました。お目当てのバッグは四色あり、友人は鏡の前で一つひとつ合わせていました。すると突然「全部買う」と言いました。一つ数万円もするものを四つお買い上げ、まさに即決でした。私と店員さんが驚いたのは言うまでもありません。

　街中でたびたび見かけるようになった若い中国人観光客たちは、一見すると日本人の若者にも見えます。もともと同じ東洋人なのだから、外

22　〈哈日族〉については、酒井亨『哈日族 ── なぜ日本が好きなのか』（光文社新書、2004）があります。

見に大きな差がないはずだともいえますが、よく見てみれば彼ら／彼女らは、「日本風のファッション」「日本風のメイク」をしているのです。では彼ら／彼女らは、どのように日本の情報を得ているのでしょうか。

当然ながら、情報源の多くはネットからです。日本のドラマや映画、流行曲から、芸能人やモデルの Instagram まで、最新情報を得ています。特にファッションについては、現地で出版されている日本のファッション雑誌の存在も見逃せません。北方晴子・古賀令子の調査（2011）によれ

図2-6　雑誌『Ray』（現地版）、中国軽工業出版社、2015年9月号。表紙はアンジェラベイビー

ば、北京にて発行部数が多い女性ファッション雑誌は、『Ray』『ViVi』『CLASSY』（いずれも現地版）がトップ3を占めるなど、根強い人気があります。[23]

着回しやメイク、ヘアアレンジの方法、体型カバー術など、日本の女性ファッション雑誌でおなじみのトピックがやさしく指南されている点や、中国人モデルも積極的に起用している点などが大きく支持される理由なのでしょう。男性ファッション雑誌はまだそれほど豊富ではありませんが、『Men's JOKER』や『LEON』が健闘しています。

一方で最近では、韓国の映画やドラマ、K-POP の人気により、「哈韓族」も出現しています。なお、中国では“欧美”（日本語でいう「欧米」）に対し、“日韓”ということばもあります。「日本っぽい」「韓国っぽい」ファッションやヘアスタイルを合わせて、〈日韓系〉と称し、大変人気があります。韓国国内で圧倒的な発行部数を誇る女性向けファッション雑誌『CéCi』も、中国で現地版が出版されています。そこでは欧米の

23　北方晴子・古賀令子「中国ファッション誌の現在」（『文化女子大学紀要 —— 服装学・造形学研究』第42号、2011.1）。

ハイブランドの製品も取り入れた、ゴージャスな装いが目立ちます。

　"日韓"の影響からか、近年では中国で人気のある「スター像」にも変化が見られます。男性でいえば、鹿晗（ルハン）（1990-）や、アイドルグループ「TFBOYS」のような、ジャニーズ系の「日本（人）っぽい」人たち、あるいは井柏然（ジン・ボーラン）（1989-）や楊洋（ヤンヤン）（1991-）のような、色白で長身、切れ長の目をした「韓国（人）っぽい」人たちが代表的なスターです。それまでは、黄暁明（ホアン・シヤオミン）（1977-）のような、男らしい俳優像が受けていたのとは対照的です。

　アンジェラベイビー（楊穎、1989-）は、ドイツ人の祖父を持つクォーターで、絶大な人気がある女性スターの一人です。中国版ツイッター〈新浪微博（シンラン・ウエイボー）〉のフォロワー数は約9300万人。そのライフスタイルやファッションは人々の注目を集めています。〈ウイグル族〉出身の女優、ディリラバ（迪麗熱巴、1992-）も若者たちの憧れの的となっているように、目鼻立ちがはっきりした、エキゾチックな美人も好まれているようです。

　〈富裕層〉が急速に増加する中国。ファッションについては外国を追う立場でしたが、彼ら／彼女ら自身が消費と流行の発信元となる日もそう遠くないのかもしれません。

読んでみよう・調べてみよう！

1 中国映画でどのような服装が使われているか、複数の映画を見比べてみよう

2 チャイナドレスの変遷を調べてみよう。また襟の高さや裾の長さは時代によって差が見られるため、それぞれを比較してみよう

3 各時代の男性のファッションについて、それぞれの特色や社会的背景も調べ、まとめてみよう

第3章
住む

濃密な人間模様を包む空間

中国の「濃い」人間関係

中国に長期滞在したことのある日本人が、決まって口にする印象の1つが、中国の人間関係の「濃さ」です。

ちょっと長距離列車で隣り合わせただけの人が、「夏休みはぜひ泊まりで遊びにいらっしゃい」と誘ってくれ、実際に訪ねると、親戚総出でもてなしてくれたりする。あるいは、大学で顔見知り程度のクラスメートが、前触れもなしに突然、「今、暇だったらお茶しに行かない？　実はもう寮の一階に来てるんだけど、下りて来てよ」と電話をかけてくる。かと思えば、初対面の相手と世間話をするうちに、いつの間にか日本での家賃から親の年収まで、洗いざらい話してしまった自分に気づかされる。

時にほっと癒(いや)されることもあれば辟易(へきえき)することもある、このやけに近い他人との距離感は、彼らを育んだ親密な居住空間によって築きあげられてきたところもあるようです。しかし激動する近現代の中国にあって、人々の住環境は最も激しい変化にさらされ、今後はよりいっそうさまざまな層への分岐を深めていくように見えます。居住空間の激変は、長く培(つちか)われてきた中国の濃密な人間模様を、どのように様変わりさせていくのでしょうか。

本章では人々の生活を包む「住まい」の諸相を、さまざまな角度から眺めてみます。

北京の胡同と四合院

中国といえば、「広さ」と「多様性」というキーワードが必ず出てきますが、「住まい」に関しても同様のことが言えます。全国に広がる住居の形式は実に多様です。ここではごく簡単に、著名な〈民居〉（民間住居）について、伝統的な様式を中心に紹介します。[1]

〈北京〉の伝統的な居住空間といえば、〈胡同〉と〈四合院〉が有名です。モンゴル語の「井戸」が語源とも言われている〈胡同〉は、路地や横丁といった意味合いです。安戦軍監督の映画『胡同愛歌』（2003）、張楊監督の『胡同のひまわり』（2005）、哈斯朝魯監督の『胡同の理髪師』（2006）など、北京を舞台とする映画の邦題には、原題に無い「胡同」が加えられています。日本でもすでに馴染みの深い言葉だと言えるでしょう。

北京の旧市街は主に、南北を貫く数本の幹線道路と、そこから東西に入っていく数々の細い胡同から成っています。それぞれの胡同を南北から挟むかたちで、〈四合院〉、すなわち四つの建物と中央の中庭を１つのユニットとする四角い住宅が、ずらりと接しています。

四合院にとって最も理想的な立地は、胡同の北側に位置することです。そうすれば「坐北朝南」、すなわち、敷地の一番奥に位置すべき母屋を、夏は涼しく冬は暖かい、北側南向きの建物として設置できます。[2]

この四合院を囲む、灰色レンガの壁に挟まれた空間が胡同です。そこは、住居のあいだにある単なる細い通路というよりは、ご近所さんの「公共空間」と呼ぶべき場所です。住民は腰掛けを出して日向ぼっこしたり、将棋を指したり、はたまた洗濯物を干したりしています。[3]北京が「政治都市」として厳めしい顔を持ちながら、どこか親しみやすい庶民らしさ

---

1 精緻なイラストで民間住宅の美が存分に楽しめる一冊として、王其鈞著・恩田重直監訳『図説民居 —— イラストで見る中国の伝統住居』（科学出版社東京・東方書店、2012）をおすすめします。

2 北京育ちの作家劉心武が、胡同に住む庶民の暮らしを生き生きと描いた作品に、『北京下町物語』（蘇琦訳、恒文社、1993）があります。

3 多田麻美著・張全写真『老北京の胡同 —— 開発と喪失、ささやかな抵抗の記録』（晶文社、2015）は、いまの胡同を取り巻く現状と未来を知るには必読のルポルタージュです。

を保ってもいるのは、この胡同の空間に負うところが大きいのでしょう。

上海の弄堂と里弄

　ある都市を代表する居住空間といえば、もう1つ、〈上海〉の〈弄堂〉と〈里弄〉を忘れるわけにはいきません。〈弄堂〉は横丁、〈里弄〉は上海に特有の、中洋折衷の集合住宅を指します。

　上海出身の作家王安憶（1954-）による『長恨歌』（1995）は、弄堂で生まれ育った1人の女性の生涯を通して、この都市の40年間の変遷を描き出した長編です。作品の主役はむしろ、弄堂という空間そのものです。物語冒頭はこんな俯瞰から始まります。

　　　高いところに立って上海を眺めると、弄堂は壮観である。それらはちょうどこの街の背景画のように見える。街道や建物はその上に点と線を描き出しているが、弄堂は中国画のタッチでもって、余白をぎっしり埋め尽くしている。夜になり明かりがともると、点と線には光が宿る。しかしその背後には、大きな大きな暗闇が残る。それが上海の弄堂だ。（中略）上海の点や線を成す光は、みな何十年もの間、この暗闇に支えられてきたのだ。

　北京の胡同と同じく、庶民の居住空間である上海の弄堂ですが、それを取り囲む建物は整然と並ぶ平屋の四合院ではなく、2〜3階建ての〈里弄〉です。里弄はそもそも、〈清末〉に〈太平天国の乱〉（1851-64）などで、中国人避難民が上海の〈租界〉（外国人用の居留地）へとなだれ込んだ際、住居を大量供給する

図3-1　旧フランス租界、淡水路近くの里弄
（撮影：津守陽、2005）

ために作られた、近代集合住宅です。イギリスの労働者向けテラスハウスと、〈江南地方〉（長江下流南部地域）の伝統的な農家建築をミックスして作られました。

　里弄にもバリエーションがあり、立派な石材の門を特徴とする「石庫門」里弄や、改良型の「新式」里弄などがあります。今でこそ急激な再開発で取り壊しが進み、歴史ある四合院同様、希少な存在となりつつある里弄ですが、1949 年の〈中国人民共和国〉建国時には、上海の住宅の 60% を占めていたといわれます。

　最近では逆に、「オールド上海」を代表する文化財の 1 つとして、保護や改修の動きも見られます。石庫門住宅をピカピカに生まれ変わらせて、ナイトスポットにしてしまった、「新天地」などの新名所もあります。しかし清濁併せ呑む上海の魅力は、やはり所狭しと干された洗濯物から、力強い生活のにおいが立ちのぼる、薄暗く狭い弄堂の中にこそあるように思います[4]。

漢族の民居──映画の世界から

　北京の四合院と上海の里弄があまりに有名なので、その他の地域も地域ごとに全く異なる民居のスタイルがあるのかと思いがちですが、実は〈漢族〉の居住地区の伝統民居は、都市か農村かを問わず、基本的にどこも 3 〜 4 棟の建物が中庭を取り囲む、三合院・四合院の形式や、その複合型です[5]。

　北方と南方の四合院の最も大きな違いは、その規模の大小です。北方の四合院が、広々とした「院子」（中庭）を、平屋が取り囲むのに対し、南方の四合院では、「天井」と呼ばれる小さな中庭を、2 階建て以上の

4　弄堂をめぐる街歩きのお供には、ディープさが魅力の、広岡今日子・榎本雄二編著『時空旅行ガイド──大上海』（情報センター出版局、2006）がおすすめ。

5　漢族居住地区にも、黄土高原に分布する「窰洞」（黄土地盤を掘って作る地下式あるいは横穴式住居）のように、気候や環境に合わせて発展した独特の伝統民家もあります。詳しくは、窰洞考察団『生きている地下住居──中国の黄土高原に暮らす 4000 万人』（彰国社、1998）など。

建物が囲み、しばしば高い塀や庭園を伴います。

　灰色レンガを基調とした北方四合院の、壮麗で宏大な風格は、例えば〈山西省〉の「喬家大院」で撮影された**張藝謀**監督の『**紅夢**』(1991)で味わえます。また南方の民居の方は、高い白壁に黒瓦と石畳がしっとりと映える「徽州建築」ならば、**霍建起**監督の『**故郷の香り**』(2003、江西省の婺源で撮影) で見ることができます。また、運河や橋と民家の織りなす曲線が魅力の「江南水郷」ならば、**アン・リー**監督の『**ラスト、コーション**』(2007、上海の新場で撮影)、**スタンリー・クワン**監督の『**ロアン・リンユィ　阮玲玉**』(1991、蘇州の周荘で撮影) などで、その柔らかい風情を堪能できます。

図 3-2　1986-91 年に発行された民居シリーズの切手

　各地の漢族の伝統民居の味わいはそれぞれに異なりますが、どれほどの豪邸であっても、外向きの顔はほとんど壁と門だけです。外側は意外なほどそっけなく、すべての華麗な装飾は壁の内側に設えられているという、内向きなつくりにおいて共通しています。

少数民族の民居

　中国の南部や、〈少数民族〉の多く住まう西南部を訪れると、より特徴的な民居のいくつかに出会えます。

　たとえば〈**福建省**〉の、世界遺産に登録されている〈**客家土楼**〉。「**版築**」(土を固めて壁な

図 3-3　福建省永定県の土楼「承啓楼」内部
（撮影：津守陽、2008）

どを造る建築法）で築かれた、2階から5階建ての建物です。濃い緑の山岳地帯に、円形や長方形の巨大な建造物が点在する様は壮観です。

もとは「よそ者」として住み着いた〈客家〉の人々が、山賊の襲撃から一族を守るために築きあげた、要塞のような住居ですから、外に向けては数える

図3-4　湖南省の苗族の「吊脚楼」。川や懸崖に突き出す、高床式に似た造り
（撮影：津守陽、2003）

ほどの小さな窓しかありません。ですが中に入ると、何層にも重なる居住空間が広がります。大きな土楼では、一族郎党を超えて、複数の〈宗族〉が共同生活をおこなっています。

中国西南部の国境あたりに暮らしている、〈チワン族〉や〈リス族〉といった、タイ系やチベット・ビルマ系の民族には、「高床式住居」が見られます。1階にウシ・ブタ・ニワトリなどを飼い、人は2階に住みます。人間の食べ残しや廃物を家畜の餌にし、排泄物から出るメタンガスを電灯に利用するなど、資源循環型の住まいです。[6]

都市と農村──急速に変化する住まいと暮らし

ここまで紹介してきたのは、観光資源にもなる、美しい伝統民居の表の顔です。しかし急激に進む近代化の流れの中で、これらの伝統民居はもはや保護対象とされるほど希少になっています。

6　西南少数民族の住居については、国立民族学博物館編『深奥的中国 ── 少数民族の暮らしと工芸』（東方出版、2008）がわかりやすく解説しています。本文では紹介しきれませんでしたが、北方・西方遊牧民族の移動式住居（モンゴル族のゲルなど）や、ウイグル族のイスラム式住居など、国境周辺には多彩な少数民族の住まいが広がっています。国境の外側にも広がる彼らの生活様式を、暮らしの細部から捉えた興味深い二冊として、堀田あゆみ『モンゴル遊牧民 ── エンフバト一家のモノ語り』（テクネ、2015）、岩崎雅美編『中国・シルクロードの女性と生活』（東方出版、2004）の二冊をおすすめします。

　現在、大多数の都市住民は、マンションやアパートなどの集合住宅に住んでいます。一方、残存する北京の四合院では、1949 年の〈新中国〉（＝中華人民共和国）建国以後、「大雑院」（ダーザーユアン）化が進んでいます。本来は１つの家族が所有していた四合院に、数家族が身を寄せ合って雑居しているケースがほとんどです。

　古い民居での暮らしが現代的住まいと大きく異なるのは、暖房やバス・トイレ、キッチンといった設備の面です。冬には最高気温でさえ零下が当たり前の北方中国では、「暖気」（ヌアンチー）と呼ばれる、スチームの集中暖房システムが普及しています。集合住宅では大きなボイラー室を備えていますが、古い平屋では出力の劣る「練炭」（れんたん）ストーブが長く使われてきました。

　また北方中国では、毎日風呂に浸かる習慣がありませんから、古い住宅には風呂もありません。張楊（チャン・ヤン）監督の映画『こころの湯』（1999）には、そんな北京っ子が親しんだ銭湯の文化が、愛情深く表現されています。

　キッチンは共用か、簡便な練炭コンロで間に合わせるのが普通です。トイレは公衆便所を使いますが、江南地方一帯の古民居では、蓋（ふた）と取っ手付きの「馬桶」（マートン）（おまる）が現役の地区もあります。一家のお母さんが毎朝側溝（そっこう）でそれを洗う光景が見られることも。

　こう書くと不便ばかりが目に付くようですが、1966 年に始まる〈プロレタリア文化大革命〉前後に、北京の四合院で子供時代を過ごした料理研究家のウー・ウェンさんのエッセイ『東京の台所　北京の台所』（岩崎書店、2004）からは、スチームにおいたボールの上で、殺菌作用のある酢水（すみず）が静かに湯気をたてる、冬の胡同のゆったりした空気が伝わってきます。

　農村では人口密度が低いので、都市の古民居のように数世帯が雑居することはありません。また集合住宅も稀（まれ）で、世帯ごとに戸建て住宅に住みます。しかし現金収入を得る道はほぼ無いので、経済的には都市の世帯よりもはるかに厳しい状況に置かれています。

　ここで、筆者のある知り合いの経験談から、農村の住居がたどった変遷の一例をうかがってみたいと思います。

王さん（仮名）は 1979 年生まれ、〈浙江省〉（せっこう）の農村出身の男性です。彼が子どもの頃に住んでいた家は、都市に帰った〈知識青年〉[7]から買った、粗末な土壁の平屋でした。寝室は 1 室しかなく、居間がキッチン兼ダイニング兼子供たちの寝室に。調理は臨時ごしらえのかまどで行われ、居間にはいつも煤（すす）のにおいが充満していたそうです。

王さんが小学校にあがる頃、家は日干し（ひぼ）レンガ造りとなり、大学へ進む 1990 年代末には、2 階建てコンクリート造りに建て替わりました。以後は 2018 年にいたるまで、建て替えはおこなっていませんが、現在では共同のごみ処理施設が建設されたり、水洗トイレの設置が進めら

図 3-5　湖北省山間の農村。日干しレンガの離れと、灰色レンガの二階建て母屋
（撮影：津守陽、2003）

図 3-6　廃墟となった清代の建築物に、毛沢東時代のスローガンが残る村。赤レンガの家の後ろにコンクリート造りの二階建て住居が見える　（撮影：津守陽、2003）

れたりと、村全体の居住環境が改善されつつあります。

王さんの経験は、1970 年代末に始まる〈改革開放〉以後の地方農村の住宅事情を反映しています。写真は筆者が 2003 年に訪れた〈湖北省〉の農村です。日干しレンガや土壁の家と、赤レンガの平屋、タイルやコンクリートを使用した 2 階建ての家が混在しています。各家庭が、出稼ぎや畜産によってどれほど現金収入を得たのかが、それぞれの住まいの形

7　文化大革命時期には、都市の大学生や高校生が多く農村に「下放」されました。そんな「知識青年」たちと農民の邂逅の一例が、戴思杰（ダイ・シージェ）監督の映画『中国の小さなお針子』（2002）で描かれています。

式にはっきりと表れています。

上海買房記──都市の中間層の苦悩

王さんのように大学で教育を受けた農村出身者が、卒業後に地元に帰ることはほぼありません。都市と農村の格差がきわめて大きい中国において、高等教育を受けた〈知識層〉が農村でふさわしい働き口を見つけるのは、ほとんど不可能だからです。

しかし都市に残った地方出身者の前に立ちはだかるのは、住宅の購入という難問です。〈社会主義〉の国家建設を目指していた時代の〈計画経済〉下では、就職先が住まいを〈分配〉（幹旋）するのが普通でしたが、〈市場経済〉に移行した1990年代末からは、住宅購入も自由化されて行きました。

日本とは異なり、中国では就職後間もない若者でも、すぐさま家の購入を視野に入れます。地価の高騰する大都市の賃貸では、頻繁に賃料の値上げや立ち退きを迫られたりして、落ち着いてひとところに住んでいられないからです。また「不動産高騰は嫁の親たちの仕業」という言葉が流行するほど、家や車を所有していない男性は結婚を認めてもらえないという風潮も、その背景にあります。

〈房奴〉（住宅ローンを背負ってギリギリの生活を送る人々）という言葉が定着するほど、住宅価格が激しく高騰している大都市において、住宅の購入は並大抵のことではありません。そもそも不動産の高騰には、投資目的でマンションを購入する〈富裕層〉の存在が大きく影響していると言われています。北京や上海では2016年度で前年度比30%の価格上昇が見られるなど、ほかの北東アジアの主要都市と比較して桁違いの高騰ぶりです。[8]

「大卒なのに、不動産の高騰に昇給が追いつかないなんて。これじゃいつまで働いても手付金すら貯められないわ！」と悲嘆にくれたのは、

8　粕谷孝治「中国のマンション価格動向と今後の行方」（日本不動産研究所『不動研コラム』Vol.2017-01、2017.2）。

2007 年に出版され、2009 年にはテレビドラマ化された小説、六六『**上海、**<ruby>リュウリュウ</ruby>
かたつむりの家』（青樹明子訳、プレジデント社、2012）の主人公でした。と
はいえその後の狂騒を見れば、当時はまだ平和だったと言えるのかもし
れません。

　2009 年から 2013 年にかけて、「リーマンショック」後の景気刺激策
を受け、大都市の不動産価格は高騰を続けていきます。2013 年には上
海の市街地で、1㎡およそ 3 万元（≒ 57 万円）に達するなど、もはや社
会問題の域に入りました。その頃、上海の平均年収が 8 万元強（≒ 152
万円）でした。〈中間層〉（中産階級）が上海市街地でマンションを買おう
とすれば、年収の 33 年分、手付けだけでも年収 10 年分が必要になると
いう、きわめて非現実的な価格です。

　信じられないことに、まだ高騰は続きます。2015 年、先ほど登場し
てもらった王さんは、競争の激しい子どもの教育事情を考慮して、上海
郊外の物件を売却し、市街地の手狭なマンションに越してきました。そ
の時点でも不動産価格は十分値上がりしていましたが、その後の狂った
ような高騰を経て、購入したばかりのマンションはたった 2 年で倍の値
段に。幸運にも値上がり前に購入できた王さんも、今後子どもの成長に
合わせてもう少し広めの家に買い替えるとすれば、現在保有する市内と
郊外のマンション 2 軒を売却したとしても現在の市街地の価格にはとて
も追いつかず、相当に生活を圧迫することになる、とため息をつきます。

　貧しい農村の出身とはいえ、高学歴で専門職の王さんは、代表的な中
間層です。つまり、それ以下の低所得層にとって、家の購入は夢のまた
夢であるということが、ここからよくわかります。

「蟻族」からホテル型高級マンションまで

　最後に、住居をめぐって社会問題化している現象について、いくつか
触れましょう。

　すでに述べた通り、北京の四合院・胡同や上海の里弄・弄堂といった
古い民居や街並みは、急激な再開発の波にさらされ、次々と消失してい

ます。文化財保護の観点から言って
も危機的状況ですが、住民に対する
立ち退きの強制があまりに暴力的・
非人道的であるとして、日本を含む
海外メディアもしばしば報道してい
ます。

図 3-7　ネット上のパロディ画像
（『大紀元』より）

　取り壊し予定の建築物の壁に、ペ
ンキで大きく書かれる「拆」（取り壊
し）の字は、行政・デヴェロッパー・
不動産ブローカーが一体となって庶
民の生活を圧迫する、強権執行の象
徴として悪名高いものとなりまし
た。ネット上ではその音からもじっ
て、「拆哪」（どこを壊す?）、「拆你死」（取り壊さば死ぬまで）、「没定拆哪儿」（次
はどこを取り壊すことやら）なる造語まで登場しました。

先に引いた『老北京の胡同』
は、再開発の驚くべき現状を伝
えてくれる 1 冊です。そこには、
由緒ある四合院であった自宅を
守るために、半世紀をかけてデ
ヴェロッパーと戦い続けてきた
住民や、国旗や政治家の写真を
護身符として掲げながら、強制
立ち退きに抵抗する〈釘子戸〉
（周囲がすでに立ち退いている状態
で、開発側の提示する条件に妥協せ
ず、釘のようにぽつんと残されなが

図 3-8　伝統建築の再生を目指す建築士、
許義興氏が手がけた四合院の再生例
（出典）「阿尼那建造生活 aYa arch」ウェブサイトより、
プロジェクト「Up & Down Court 上下院」。注 10 参照

9　黄天辰「拆哪、拆你死、没定拆哪儿!」『大紀元』2010 年 11 月 21 日、URL: http://
www.epochtimes.com/gb/10/11/21/n3091291.htm、最終アクセス日：2018 年 3 月 24 日。

らも立ち退きを拒む世帯）、政府の制限や資金難に耐えながら文化財の保護に尽力する北京のNGO組織など、想像を絶する住民側の苦闘がつづられています。

著者の多田さんが指摘する通り、近年ではさらに「文化財の保護」「歴史的景観の回復」「生活条件の向上」などが、開発の

図3-9 トムソン・リビエラのモデルルーム写真
(出典)「LONGHI」ウェブサイトより、「Contract>Tomson Riviera」。注11 参照

免罪符として掲げられました。立ち退きの補償をあてにするしかない低所得層の住民たちを、分断に追い込んでいます。またその一方で、建築士やアーティストを巻き込んで、胡同の新たな魅力を引き出す試みも行われ始めています[10]。

都市住民の大多数が住まう集合住宅でも、貧富のあいだの分断は顕著です。大都市の不動産市場は空前の活況を見せています。2011 年には上海の一等地にそびえたつ超高級マンション「トムソン・リビエラタワー」が、8 億円で分譲に出され、瞬く間に完売したとのこと[11]。不動産会社の広告写真からわかる通り、重厚でシックな内装や家具に、シャンデリアの輝く高い天井。それだけでなく、24 時間対応のコンシェルジェ、備え付けのフィットネスジムにランドリーサービス、ルームクリーニン

---

10 多田麻美「胡同空間をクリエイティブに再生」、集広舎サイト・コラム＆エッセイ「北京の胡同から」第 70 回、2015 年 1 月 2 日、URL: http://www.shukousha.com/column/tada/3854/、最終アクセス日：2018 年 3 月 31 日。図3-8 の胡同再生例は以下を参照。阿尼那建造生活 aYa arch、2008 年 8 月 13 日、URL：http://www.ayaarch.com/project.php?id=40、最終アクセス日：2018 年 8 月 20 日。

11 「まるでお城みたい！ 上海の超高級マンション／高いけどほぼ完売」ロケットニュース 24、2011 年 9 月 22 日、URL: https://rocketnews24.com/2011/09/22/132880/、最終アクセス日：2018 年 3 月 24 日。図3-9 のモデルルーム写真は以下を参照。LONGHI、URL：https://www.longhi.it/en-us/contract/tomson-riviera、最終アクセス日：2018 年 8 月 20 日。

グや食事のルームサービスなど、高級ホテル並みの快適さを毎日味わうことができます。

　一方、同じ大都市の片隅には、まともな就職ができず、小さな居住スペースに押し込められて、まるで蟻のような集団生活を送る若者がいます。廉思編『蟻族——高学歴ワーキングプアたちの群れ』（関根謙監訳、勉誠出版、2010）の翻訳で、日本でも知られるようになった、〈蟻族〉と呼ばれる人々です。中国において長らく大学卒業者は、エリートとして扱われてきましたが、大学の定員が急速に拡充されたことで、高等教

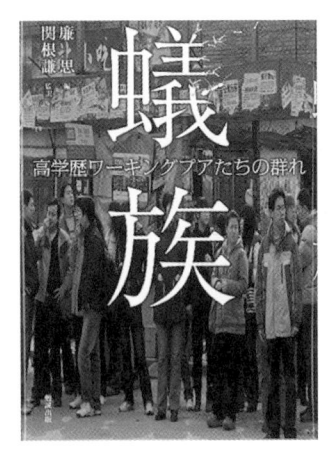

図3-10　廉思編『蟻族——高学歴ワーキングプアたちの群れ』

育は一気に「マス化」の時代に入りました。しかし就職の受け皿が十分に用意されなかったことで、大学卒業者の就職難が深刻な社会問題となります。

　「蟻族」と呼ばれる失業・半失業者は、地方ではふさわしい仕事が少ないために、実家に戻るという選択もできません。かといって、高騰を続ける大学周辺の市街地に住むこともできないため、都市と郊外農村の境目に形成された、「城中村」（都市の中の村）と呼ばれるスラム化した地区に、身を寄せ合って住んでいます。2009年、北京大学の研究者であった廉思氏が、その実態を知らしめたことで、中国社会に衝撃を与えました。その後の報道では、さらにビルの地下室に居住する、「鼠族」なる人々も出現しているとのことです[12]。

　音を立てて取り壊される伝統的居住空間。その傍らで分断されつつある、住民同士の絆。最下層と最上層に分断されていく、都市住民の住ま

　12　北村豊「"蟻族"に続いて"鼠族"が出現」日経ビジネスオンライン、2011年1月7日、URL: http://business.nikkeibp.co.jp/article/world/20110104/217787/、最終アクセス日：2018年3月31日。

い。「住まい」をめぐるこれらの現象は、急成長を続けるこの国が抱える矛盾を、最も先鋭に表していると言うことができるでしょう。

 読んでみよう・調べてみよう！

1　中国の伝統建築である「四合院」や「里弄」について調べてみ
　　よう

2　複数の中国映画を見て、中国の家庭空間や人間関係について日
　　本と比較してみよう

3　『上海——かたつむりの家』、『蟻族』などを読んで、中国の若
　　者の生活事情や住宅事情について調べ、日本と比較してみよう

第4章

聞く

爆竹・コオロギ・物売りの声

中国を「聞く」ために

　そのむかし、わたしたちを取り巻く環境は、いまよりずっと静かでした。耳に聞こえたのは、人の出す音をのぞけば、ニワトリやイヌ、スズメやセミといった、動物に由来する音か、火や水や風の音、水車の軋み（きしみ）や雷鳴の轟き（とどろき）くらいのものでしょう。太鼓や笛、弦楽器などの音は、普通の人にはそれほど身近ではなかったはずです。

　人類をめぐる音の環境は、産業革命や電気関連の発明を経ることで、劇的に変化します。鉄道や自動車、ラジオやテレビの登場が、人々の生活を豊かにする一方で、多くの騒音を生み出すのです。いまのわたしたちは、朝の目覚まし時計に始まり、テレビに携帯電話に冷蔵庫のモーターなど、さまざまな音の中で暮らしています。外に出れば、横断歩道の歩行を促す音や、バスの乗降時のアナウンス、量販店のテーマソングなどに囲まれます。それらの「雑音」を避けようとして、都会のど真ん中でお気に入りの落語を聞き続けることも、また可能です。

　音の環境が変化したことじたいは、日本も中国も同じです。しかしその内実をよく観察してみたならば、中国独自の風合いが感じ取れもするようです。本章では、中国の「音」を考えるヒントとなることがらについて、簡単に見ていきたいと思います。[1]

　1　本章の執筆に際しては、カナダの作曲家であるR・マリー・シェーファーが提唱した、「サウンドスケープ（音の風景）」という概念を参照しています。『世界の調律──サウンドスケープとはなにか』（原著は1977年、鳥越けい子ほか訳、平凡社ライブラリー、2006）には、わたしたちをとりまく環境音の種類と、その観察法についての興味深い提言が述べられています。哲学者の中島義道もまた、『うるさい日本の私──「音漬け社会」

幸せは爆竹とともに

中国という国は、いつもどこかしら、騒がしいようです。車の運転手はクラクションを鳴らすのに躊躇がありませんし、公共空間での電話も日常茶飯事です。夕方の広場には中年の男女が集い、大音量の軽快な音楽の中、社交ダンスを踊っています。公園のベンチには中国の伝統劇である〈京劇〉のファンが集い、伝統楽器の調べとともに、自慢の喉を披露しています。

音への意識、ということについて、日本との違いがもっとも顕著に現れるのは、年越しのときかも知れません。日本では「新暦」の1月1日を年の初めとしますが、中国では「旧暦」の1月1日を年の初めとし、この日を〈春節〉と呼びます。

日本で年を越すときは、コタツでソバなどすすりながら、しんみり除夜の鐘でも聞いていることでしょう。日付が変わっても静けさに変化はありません。しかし中国では、日付が変わった瞬間、大量の爆竹の音が、街じゅうに響き渡ります。

新年の爆竹は、一部の大都市では、危ないことを理由に、禁止されたりもしているようですが、今も多くの地域でおこなわれています。しかも中国の爆竹は、日本のものよりうんと大きく、太いものです。我が国では近ごろ、除夜の鐘ですら苦情が出ると言われますから、事情はまったく異なると言えます。

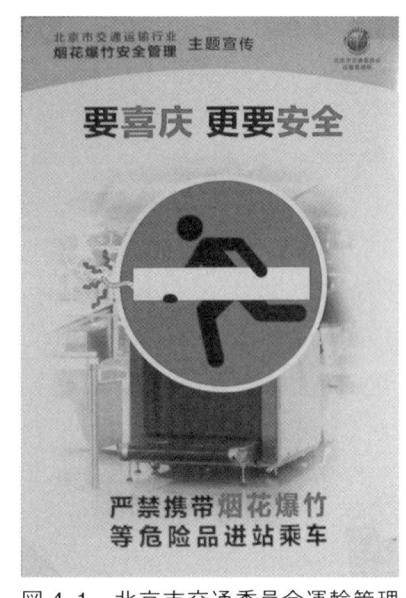

図 4-1　北京市交通委員会運輸管理局のポスター　（撮影：加部勇一郎）

との果てしなき戦い』（洋泉社、1996）など一連の本の中で、日本社会に蔓延するスピーカー音を取り上げていますが、こちらは音をめぐるもろもろから、日本文化論および日本人論を展開したものです。

　図4-1は中国の首都〈北京〉の地下鉄構内に貼られたポスターです。地下鉄車両内に花火や爆竹の持ち込みを禁止するものです。

　上部に記された「要喜庆（慶）　更要安全」は、「お祝いするなら、安全に」といった意味です。中央の、丸の中に太い横棒の入った赤い標識は、日中でも中国でも「進入禁止」の意味を持ちますが、このポスターでは、それが巨大な爆竹にかたどられています。背面に見えるのは、荷物検査のための機械ですが、中国ではこれが、地下鉄のみならず、博物館の入り口にもあったりします。

　爆竹の大きな音は、悪鬼を払い、神を迎える意味を持っています。それは、年越しのときのみならず、折々の節句や、結婚式や新装開店時など、人生の節目を盛り上げるのに欠かせない音でもあるのです。

音のかたち

　ところで、爆竹を鳴らしたときの音を、ことばで表現するとしたら、どんな感じでしょうか。「パンパンパン」や「バババババッ」なら、火薬が連続で爆ぜるさまを、うまく表わすことができそうです。中国では、「噼里啪啦」と表現します。筆者にはこの「ピリパラ」が、少しかわいい音のように感じられるのですが、みなさんはどうでしょう。出ている音は同じはずで、むしろ向こうの方が大きいくらいなのですが、それを再現するとなると、少し変わってしまうようなんですね。

　この種の、「生き物の声」や「物の出す音」を表現することばを〈擬音語〉といいます[2]。擬音語は日本語に豊かであることが知られていますが、中国語にも、数は少ないながら、きちんとあります。少し見てみることに

　2　本節で取りあげた擬音語は、状態や感情などの、実際には音のないものをことばで表す擬態語（「ねばねば」「ひょろひょろ」など）と合わせて、「オノマトペ」と呼ばれます。中国語ではオノマトペを表すとき、「象声詞」「模声詞」「擬声詞」などの用語が使われますが、日本語のように「擬音語と擬態語」のような細かな弁別がされません。これは中国語に擬態語が少ない（というより、日本語にとりわけ多い）ことに由来すると言われます。中国のオノマトペについては、沖森卓也・蘇紅編著『中国語と日本語』（朝倉書店、2014）の、今井俊彦氏の説明（114-121頁）が分かりやすく、簡潔にまとまっています。専門に論じた書に、呉川『オノマトペを中心とした中日対照言語研究』（白帝社、2005）があります。

しましょう。

　まずはおしゃべりの音から。日本では「ぺちゃくちゃ」とするのが普通ですが、彼らは「吱里咕噜」とします。また日本で、ハチは「ブンブン」と飛びますが、かの国で羽音は「嗡嗡」と表わされます。もっとも、中国でも犬は「汪汪」、猫は「喵喵」と鳴きますので、このあたりは変わりません。でもブタは「呼噜呼噜」と鳴くのだそうです（この「フ」の音は、唇ではなく口蓋で出します）。ちなみに「呼噜」は、いびきの音「グーグー」や、猫の出す「ゴロゴロ」にもあてられる音です。おもしろいのは、ヒトがクシャミをするときの音です。中国人は「ハクション」ではなく、「阿嚏」とします。

　この種の擬音語は、日本語だとカタカナが用いられますので、画数が少ないため、見た目の上で醸される雰囲気は軽くなります。しかし、漢字だらけの中国では、上に挙げたような、あまり見慣れない、ときに画数の多い漢字が用いられ、ビジュアル的に強く濃く見えるようです。

　例えば図 4-2 の 2 枚の図は、日本で 1982 年に公開された映画『ドラえもん　のび太の大魔境』のマンガ（小学館、1983）の、中国語版からのものです。字体がゴシックであることと相まって、画面における存在感が必要以上に増しているようではありませんか。四角いせいか、当たると痛そうでもありますね。

　これらの例からは、同じ音でも、かたちに表わされたとき、日中で大きく違ってしまう、そ

図 4-2　中国で翻訳出版されたドラえもん

（出典）藤子・F・不二雄原著、王永全訳『超長編機器猫　哆啦 A 夢　大雄在魔境』吉林美術出版社、1995、上：32 頁、下：140 頁

のようすがうかがえます。どうやら同じ音を聞いたとしても、ことばが違えば、聞こえ方には差があるようなのです。それはおそらく、同じ風景を見ても、その受け取り方に差が生まれることにもつながっていることでしょう。

街の音

ここで中国の街を歩いてみましょう。いまあなたは、中国一の大都市〈上海〉でも随一の繁華街、〈南京路〉の歩行者天国を、〈外灘〉と呼ばれる黄浦江側から、西の方へと歩いています。

通りは大きく、さまざまな雰囲気の人たちでごった返しています。荷物が取られやしないかと、少し緊張気味です。あなたの耳には、人々の喧噪、子どもの笑い声、遠くの車のクラクションなどが届きます。そしてふと、見知らぬ人に声をかけられたりもします。

「ワタシ、ニホンゴ、学ンデマス」

「イッショニ、コーヒー、飲ミマショー」

「トケー、カバン、安イデース」

上海で耳にする日本語に、少し驚くことでしょう。もしあなたが男なら、いやらしいカタコトの日本語が投げつけられるかもしれません。不安と恥ずかしさに混乱するかも知れませんが、そんなときは気を落ち着けて、大きな声でゆっくりと「不要！」と唱えてください。

そしてさらに西へ進んでいったならば、あなたの耳には、アルトサックスの音が聞こえて来ます。サックスの奏者は、〈永安百貨〉というデパートの、2階のバルコニーにいます。正装に身を包み、前に置かれたマイクに楽器の朝顔を向け、スローで耳慣れた曲を吹いています。階下には、立ち止まってそれを聞いている人や、音に合わせて踊っている人がいます。サックスの甘く猥雑な音色は、上海という、19世紀の開港以来、他に先かげて西洋化が進んでいった国際都市にふさわしいものと言えるでしょう。

上に記した「上海の音」は、筆者がここ十数年、南京路を歩く度に、

実際に味わっているものです。しかしあなたが現地へ行ったときには、少し違ったものになっているかもしれません。この種のものは、時代とともに移り変わるのが必然だからです。それは逆に、あなたが聞いた音は、あなたにしか残すことができない、ということでもあります。[3]

虫愛（め）ずる人々

人と物が集まる市場もまた、音を採集するには良いスポットです。市場では、土のついた野菜や香りの強い果物、皮を剥（は）がれたブタやニワトリの姿を目にすることでしょう。大きな水槽にはカメやカエルのほか、日本であまり見ないような魚や貝がうごめいています。

そしてこういう場所では、なるべく端っこまで行きましょう。そこには虫が売られているかもしれません。握りこぶしくらいの丸い編みカゴには、「蝈蝈（キリギリス）」が入っています。中国で売られているキリギリスは、日本のものよりガッシリしています。呼び名の「蝈蝈（グォッグォッ）」は、その鳴き声から来たものです。

一方、直径10cm ほどの平たい円柱の器に入って、蓋がしてあるのは、「蟋蟀（コオロギ）」です。キリギリス同様、涼やかな鳴き声が好まれるほか、

図4-3　キリギリス
（撮影：加部勇一郎）

3　井口淳子氏は1995 年、山西省にある楊家溝なる村の「音」について調査し、時代の趨勢にしたがい変容し消えゆく、「音の風景」について記録しています。それは、その村ではどのような音が発され、響き、人々と関わっているのか、その村で一番音のよく聞こえる場所はどこか、あるいはそこにはかつてどのような音が存在していて、またいつごろからそれが存在しなくなったのか、といった観点から場を切り取った論考と言え、非常に貴重かつ興味深いものです。井口淳子『中国北方農村の口承文化── 語り物の書・テキスト・パフォーマンス』（風響社、1999）、深尾葉子・井口淳子・栗原伸治『黄土高原の村──音・空間・社会』（古今書院、2000）など、ご興味の向きはご参照ください。

〈闘蟋〉（コオロギ相撲）という遊戯に用いられます。[4]

戦前の〈シナ通〉として知られる**後藤朝太郎**（1881-1945）は、民国期の中国大陸で実見した風俗を、『**支那の体臭**』（1933）にまとめました。そして中国人の虫愛好について、次のように記しました。

> 思うに支那では虫に生まれた小動物は幸福なわけであって、どのくらい家庭においても虫を愛玩しているか分からない。こうろぎ、鈴虫の類をはじめとして、昔から「蟋蟀堂に啼く」と言って喜ばれ、古来幾千年のあいだ、その音を聞くことに専念になって、その歴史を作っている事実すらある。それでその虫の音を聞くというのも一人秋に限らず、時ならぬ時でもこの虫を死なせないようにして飼い養っていく。そして、これを育て楽しむというやさしい習慣があるのである。
>
> （『支那の体臭』「扇と虫籠」）[5]

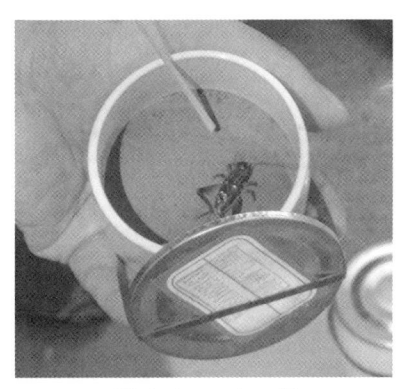

図4-4　コオロギ
（撮影：加部勇一郎）

後藤はこのような紹介の後、日本人が誰かを貶めるとき、「虫けら同様に」などと、「虫」を引き合いに出すことを述べて、中国人の虫愛好について強調しています。

〈**清代**〉（1644-1912）の**蒲松齢**（1640-1715）が書いた『**聊斎志異**』という物語集の中に、「促織」という、コオロギをテーマにしたものが

4　中国におけるコオロギ愛好については、瀬川千秋『闘蟋──中国のコオロギ文化』（あじあブックス、大修館書店、2002）や、竹内実『コオロギと革命の中国』（PHP新書、2008）に詳しく記されています。瀬川氏にはそのほか、中国における虫の逸話をつづった、『中国　虫の奇聞録』（あじあブックス、大修館書店、2016）があります。

5　後藤朝太郎『支那の体臭』（もと1933年の汎文社刊。いま2013年basilico刊を使用）200-201頁。「シナ通」は、戦前に実際に中国へ赴き現地の人々と深く交流したりなどして、中国に精通した人々を俗にいったことばで、相田洋に『シナに魅せられた人々──シナ通列伝』（研文出版、2014）という研究書があります。

あります。ある少年が死んで促織に生まれ変わり、コオロギ相撲の世界で大活躍するはなしです。もちろんフィクションですが、この物語からは、伝統中国におけるコオロギ愛好のさまをうかがうことができます。また最近では、**張楊**（チャン・ヤン）(1967-) という映画監督が 1999 年に発表した映画『こころの湯』がオススメです。北京の銭湯を舞台に、時代の流れとともに変わりゆく社会と、なお変わらない人々の気持ちとを描き出す、非常にハートフルな作品です。銭湯の常連客をつなぐ要素に、コオロギがあります。

　虫と中国人、ということに関して、時代は遡りますが、中国哲学者である**宇野哲人**（うのてつと）(1875-1974) の記録も見てみましょう。彼が 1906 年から 2 年間、清末の北京に滞在した際の『**清国文明記**』には、中国の人々が日常的に鳥や虫の鳴き声を楽しんでいることに触れる箇所があります。

　　一体に彼らは鳥を愛することはなはだしく、行住坐臥鳥（ぎょうじゅうざが）を伴うている。ソコの辻（つじ）ココの巷（ちまた）に鳥籠（とりかご）を携えて悠然として立っている人は決して尠（すく）なくない。（中略）ある日予の寓居で中国語を習っている真っ最中、突然蟋蟀（こおろぎ）が鳴き出した。不思議なことと思っていると、語学教師は懐中から小さな壺（つぼ）を出した。蟋蟀はその壺の中の天地に歌っていたのであった。蟋蟀を懐中にする彼らが、鳥籠などを持参するのは怪しむに足らない。　　　　　　　（『清国文明記』「六　飛鳥技」）[6]

ここに挙げた記録や物語は、中国文化全体のほんの一部に過ぎませんし、今のみなさんには、「昔のはなし」のように感じられるかも知れません。しかし中国という国は、どんなに進んだ大都会であっても、大通りの喧噪を離れて、狭い路地裏を歩いたならば、木の枝や軒先に鳥籠を懸けて、その下で歓談する人々に出逢うことができます。そして筆者

　6　講談社学術文庫版『清国文明記』(2006)「六　飛鳥技」55 頁より。清末北京の年間行事を書き留めた、敦崇編『燕京歳時記』（邦訳に小野勝年訳注『北京年中行事記』、岩波文庫、1941 がある）の 10 月の部分にも、コオロギ売りについての項目があります。

は、横道に逸れた先に、一転、別天地がカラリとひらけているといったあたりで、隘路の奥にあるといわれる〈桃源郷〉や、小さく閉じられた空間に宇宙を見出す〈壺中天〉のような、中国式楽園について、思い出さずにはいられないのです[7]。

図4-5　費長房
（出典）明『三才図会』より

物売りのいる風景

　むかしの商売人は、自分がなにを商っているのかを、声や音で高らかに示しながら歩いたものでした。

　宇野哲人は、音叉状のものを「ジャーン」と打ち鳴らす床屋や、ドンドンと音を出しながら籤を売って果物や雑貨と交換する者、「油面餑餑」なる名の麦菓子を、物哀れな調子で「ユーメンボーボー」と叫びながら売り歩く者についても記しています[8]。また「酸梅湯」なる、甘酸っぱい飲み物を売る者は、金属製の盃状のもの2枚を打ち鳴らすのだそうです。商売のときに楽器を使ったり、自らの喉を独特の節回しで鳴らす、その呼び声を中国語で、「叫売声」といいます。

　図4-6に挙げた図は『旧京風情』という本からのもので、昔の北京の耳かき売りを描いたものです（侯長春画）。竹で作った耳かきや、孫の手、櫛や爪楊枝などを売り歩く者なのですが、左手に売り物を、右手には竹製の楽器を手にしています。彼はこれをカンカンと打ち鳴らしながら、

　7　桃源郷は東晋の陶淵明が書いた「桃花源記」というはなしに由来する理想郷です。壺中天は「ヒョウタンの中の宇宙」を意味することばで、後漢の『漢書』や『神仙伝』に収められる、費長房の仙人修行のはなしに由来します。
　8　講談社学術文庫版『清国文明記』40-43頁「四　物売りのくさぐさ」参照。

横町の人々に、こまごまとした竹細工を売り歩いたことでしょう。

文学者の魯迅（1881-1936）は、世のさまざまなことについて文章を書いていますが、上海の物売りについても次のようなエッセイを残しています。以下はその冒頭です。

「杏仁、蓮の実入り玉麦粥！」
「砂糖づけバラ入りカステラ！」
「蝦と豚肉入りワンタン麺！」
「薬味入り茶ゆで卵！」

これは、四、五年前、闸北一帯の横町内外で軽食などの物売りの呼び声である。そのとき記録しておいたなら、朝から夜まで、すべて二、三十種にのぼるであろう。(中略)「玉麦と杏仁」、しかも「蓮の実入りの粥」とは、新鮮で、かつて夢の中でも思い浮かばないほどであった。だが、筆と墨を頼りにくらす人々にとっては、ちょっと不都合な点があった。「心は古き井のごとく」練れていなかったなら、うるさくて昼も夜も何一つ書けないであろう。

いまは、すっかり変わった。

「弄堂生意古今談」（『且介亭雑文二集』）[9]

図4-6　北京の耳かき売り
(出典) 侯長春画『旧京風情』中国電影出版社、1999

9　「弄堂生意古今談」（横町商売の今昔）は、1935年5月に上海の雑誌『漫画生活』第9期に発表され、後に『且介亭雑文二集』という本に収録されました。引用は、今村与志雄責任編集・翻訳『魯迅全集』第8巻（学習研究社、1984）を用いました（345-348頁）。ちなみにちょうど同じ年、日本の物理学者の寺田寅彦（1878-1935）も「物売りの声」（『文学』1935.5）というエッセイを書いていますので、比べてみてもおもしろいかもしれません、千葉俊二ほか選『寺田寅彦セレクション』2（講談社文芸文庫、2016）に収録。

閘北はいま「こうほく」といい、蘇州河の北側、上海駅がある辺りの地域を指します。1935 年に発表されたこのエッセイは、魯迅が書斎から聞いた「四、五年前」と「いま」の物売りの声を比べることで、世情の変化を汲み取るというものです。

魯迅は「四、五年前」の売り声について、それは本当に美しいもので、街の人々もよく物売りから軽食を買っていた、と記します。しかし「いま」の売り声については、味わいが消え失せ、日本人相手に「ハナ」「バナナ」と叫ぶ者や、太鼓と鈸を鳴らしながら施しを求める僧侶がやかましく、相手をするものもいなくなってしまったというのです。

昔の音をいつくしみ、今のそれをやや味気ないものと記すあたり、中年のおじさんがよく言う、「昔はよかった」話のようでもあります。しかし 1935 年[10] といえば、日本が中国東北部に建てた〈満洲国〉や、〈中国国民党〉と〈中国共産党〉の内戦の時期にも重なります。さらに 2 年後の 1937 年には、7 月に起きた〈盧溝橋事件〉を皮切りに、日本と中国は本格的な戦争を始めるのです。

「軍靴の音」といった表現があります。あるいは魯迅が聞き取ったのは、物売りの声のみならず、世の不穏な空気だったのかもしれません。

音を知ること

〈漢代〉（前 206-220）から〈六朝時代〉（222-589）にかけて成立した『列子』という書物に、こんな話があります。

　　むかし、伯牙が上手に琴をひくと、鍾子期がそれを立派に聞きわけた。伯牙が高山に登ったときの心境を表現するつもりで琴をひくと、鍾子期は「ああ、素晴らしい。まるで高く聳えたつ泰山に登っ

10　1935 年はまた、現在の中華人民共和国国歌である「義勇軍行進曲」が誕生した年でもあります。もともと、抗日映画『風雲児女』（1935）の主題歌でしたが、後に人々に広く愛唱され、1949 年の建国時に「代国歌」とされました（正式な国歌となるのは 1982 年）。その成立を語った映画に、呉子牛監督『国歌』（1999）があります。

たような気がする」と批評し、伯牙が大河の流れを表現するつもり
でひくと、鍾子期は「ああ、素晴らしい。まるで揚子江か黄河の
満々たる流れのような広々とした思いがする」と批評した。伯牙の
念頭にあることは、必ず鍾子期がピタリとこれを言いあてた。

『列子』「湯問」[11]

　「伯牙」というのは、〈春秋時代〉（前770- 前403）の琴の名手です。伯
牙が琴の音に籠めた気持ちが、「鍾子期」なる人物によって、しっかり
と理解された、という状況が記されています。いま、親しい友人を「知
音」と呼びますが、この伯牙と鍾子期の故事から来ています。

　「知音」のはなしが伝えるのは、2人の人間が、1つの音楽に対して、
同じ思いを抱くことの、素晴らしさと難しさです。春秋時代のことを記
した『呂氏春秋』の「孝行覧・本味」は、続きとして、伯牙が鍾子期
の死後に、じしんの琴の弦を切ったことを伝えます。ここには「知音」
の死が、残されたものにとって、大変な喪失であることが表現されてい
ます。音を聞いて理解することは、ことばを聞いて理解することよりも、
うんと難しく、より奥まっています。だからこそ、「知音」に出会えた
ときの喜びは、何にも代えがたいものとなるわけなのです。

　中国の人々がいま、どんな音に囲まれているのか、そして日々どんな
音が生まれ、消えているのか。音をどのように捉え、感じているのか。
みなさんがもし中国のことを知りたいと思われるのでしたら、ぜひ彼ら
を取り巻く音や音楽に、思いを馳せ、実際に触れてみてください。それ
もまた必ずや、かの国と人とを理解するための一助となることでしょう。

11　引用は小林勝人訳注『列子』下（岩波文庫、1987）46頁より。

 読んでみよう・調べてみよう！

1 インターネットなどを用いて、実際に「中国の音」を聞き、そ
れがどんなようすか、ほかの人に伝えてみよう

2 中国を旅したことのある日本人の旅行記などから、音に関する
記述を探してみよう

第5章

見る

寝ころんで覗く中国

　1997年2月、当時の中国の「最高指導者」であった**鄧小平**（とうしょうへい）（1904-97）が亡くなりました。大学生だった筆者は、折しも短期留学で北京に滞在中。留学生宿舎にはテレビは1台きり。みなでロビーに集まり、テレビに映る葬儀の様子をじっと見守ったことをおぼえています。

　2005年の夏、筆者は長期留学の機会を得て、ふたたび中国を訪れましたが、宿舎のテレビのチャンネルが30を超えるのに驚きました。また、ちょうど大流行していた「歌手オーディション番組」に熱狂する人々にも目を見張りました。

　2010年代に入ると、中国でもスマートフォンが一気に普及し、バスや電車のなかでは、本や新聞を読む人をほとんど見かけなくなりました。いつでもどこでも動画を見られる昨今、中国人とテレビとの付き合い方も、だいぶ変化してきているようです。

　本章では、テレビを通して見える中国の姿をご紹介していきたいと思います。[1]

とにかく多いチャンネル数

　中国のテレビのチャンネル数の多さはどこから来るのでしょうか。中国のテレビ局は行政と紐（ひも）づけられており、行政区画に従って、国、〈省〉、〈地級市〉、〈県〉の4つの等級に分けられています。[2]

　1　本章では、中国大陸のテレビの状況を中心に述べることをお断りしておきます。
　2　日本貿易振興機構（ジェトロ）上海事務所「中国のテレビ番組及び映像配信市場調査」（2015）に詳しく紹介されており、本書もこれに拠っています。https://www.jetro.go.jp/

国営の〈中国中央電視台〉（CCTV）は、国民にあまねく情報を伝える必要性から、中国のほぼ全土に放送が可能となっています。

　チャンネルはじつに多彩です。総合、経済、バラエティ、国際、スポーツ、映画、軍事・農業、ドラマ、ドキュメンタリー、科学・教育、戯曲（伝統演劇）、法律・社会、ニュース、子ども、音楽など、かなり細分化されています。たとえば「戯曲」チャンネルならば、〈京劇〉や〈越劇〉（南方で人気の、女性のみで演ずる芝居）をはじめとする、伝統的な演劇の上演（ときに新作が放送されることもあります）を中心に、役者のインタビューや歌のレッスンなど、とにかく演劇にかんする番組が１日じゅう放送されています。世界各地に住まう〈華人〉のために、インターネットによる視聴環境も整備されています[3]。

　〈省〉や〈自治区〉（漢民族以外の少数民族による自治が認められた区域）、〈直轄市〉（省に属さず、中央政府が直接統治する都市）も、それぞれテレビ局をもっています。国内の広範囲へ放送可能な〈衛星チャンネル〉（衛視）がひとつあり、ほかに、自地域のみで放送可能なチャンネルが複数あります。

　その下に〈地級市〉、つまり市のテレビ局があり、いくつかのチャンネルをもっています。さらにその下に、〈県〉のテレビ局があります（中国では、「県」は市より下位の行政区分です）。

　たとえば筆者が留学していた、〈山東省〉の省都〈済南市〉のばあい、CCTV（およそ10）、省のテレビ局「山東広播電視台」（9）、他省の衛星チャンネル（およそ30）、市のテレビ局「済南電視台」（6）が視聴可能です。このように、場所にもよりますが、テレビをつければ、おおよそ３、40のチャンネルを見ることができます[4]。近年、テレビのデジタル化が進ん

---

ext_images/_Reports/02/1f66d82225adddff/02tv_shanghai6.pdf

　3　「央視影音」というテレビ視聴ソフトを使えば、日本からでも、パソコンやスマートフォンを使って、16ものチャンネルを無料で見ることができます。また、「YouTube」には「CCTV LIVE」というチャンネルがあり、国際チャンネルが24時間視聴可能です。

　4　視聴にあたっては、地元のケーブルネットワーク会社と契約し、受信料を支払うのが前提となっています。

でおり、さらに視聴可能なチャンネル数は増えているようです。

　もっともよく見られているのは、カバー率の高い中央電視台ですが、娯楽番組に力を入れている、「湖南」や「上海東方」、「江蘇」、「浙江」などの衛星チャンネルも、若者を中心に人気があります。

　いまは多くのテレビ局が、動画共有サイト YouTube にチャンネルを開設しており、看板番組を無料で視聴することができます。有名なものには、長年若者に人気のバラエティ「快楽大本営」（湖南衛視、1997-）、コメディアン発掘オーディション「歓楽喜劇人」（上海東方衛視、2015-）、男性1名・女性24名によるお見合い番組「非誠勿擾」（江蘇衛視、2010-）などがあります。

テレビの歴史を早送りで

　続いて、中国のテレビの歴史を簡単に見ておきましょう[5]。日本では、1964年の「東京オリンピック」を機に、テレビが一般家庭に普及したといわれます。中国では初めてのテレビ放送は1958年のことですが、テレビが一般的に普及するのは、もう少しあとのことです。

　初のテレビ放送からまもなく、中国では〈プロレタリア文化大革命〉（文革、1966-77）が起こります。そのあいだ、テレビは〈中国共産党〉の厳格な統制のもとで、政治宣伝に使われていました。文革終結後、外国のテレビ番組や映画の放送が許されます。

　日本の作品では、1978年10月、鄧小平の訪日に合わせて放送された、高倉健主演の映画『君よ憤怒の河を渉れ』（中国語題「追捕」、1976）が、当時の中国に衝撃を与えた

図5-1　『君よ憤怒の河を渉れ』DVD
（KADOKAWA、2014）

5　本節の記述は、主に許靖『中国電視芸術史』（文化芸術出版、2013）に拠っています。

6　詳しくは、劉文兵『中国10億人の日本映画熱愛史──高倉健、山口百恵からキム

ことがよく知られています[6]。1980 年代には、ほかにも、「鉄腕アトム」「一休さん」などのアニメや、NHK の朝の連続テレビ小説「おしん」などが放送されました。これらの作品は一定の世代以上の中国人には有名です。

　中国のテレビマンたちは海外の番組に学びながら、徐々に多彩な番組を、自分たちで制作していくようになります。同時に、家庭におけるテレビ保有率も年々飛躍的に高まります。80 年代の終わりには、テレビは映画に代わる娯楽の中心となりました[7]。

　1997 年から、省や自治区、直轄市のテレビ局が、次々と衛星放送を開始しました。CCTV の独擅場だった全国放送に多くのライバルが現れ、広告収入をめぐって視聴率競争が激化します。その結果、各局が独自のカラーを打ち出し、多種多様な番組が作られるようになりました。

　2005 年に、「湖南衛視」で放送された、「超級女声<ruby>超級女声<rt>スーパーガール</rt></ruby>」という女性歌手発掘オーディション番組は、その金字塔と言ってもいいでしょう。この番組は、歌が好きなら誰でも参加できる点も目新しかったのですが、とくに新鮮だったのは、毎週、視聴者の携帯電話のショートメールによる投票（投票回数に制限なし）によって、選手の当落を決める方式でした。優勝した李宇春<ruby>李宇春<rt>クリス・リー</rt></ruby>は、決勝

図 5-2　上位入賞者の歌唱シーンを集めた『超級女声』の 10 枚組 VCD
（天津泰達音像発行中心、2005）

タク、アニメまで』（集英社新書、2006）をご覧ください。また同作は 2017 年、ジョン・ウー監督によってリメイクされました（原題「追捕」、邦題「マンハント」）。オリジナル版への愛が散りばめられた快作です。

　7　ジェームズ・ラル著、田畑光永訳『テレビが中国を変えた』（岩波書店、1994）は、この時期のテレビが人々に与えた影響を丹念に論じた興味深い一冊です。

　8　渡辺浩平『変わる中国　変わるメディア』（講談社現代新書、2008）はこの番組のヒットについて、一章を割いて多角的に考察しています。

戦で約 350 万票も集めたのです。通常、視聴率 1% でヒット、2% で大ヒットと言われる中国テレビ界で、決勝戦の放送は 9.5% の大記録を残しました。[8]

　これをきっかけに、テレビ界には〈**オーディション番組ブーム**〉が巻き起こります。なにせたくさんのテレビ局がありますから、類似番組が次々と登場します。同じような歌手オーディション番組が、同時期に 10 番組以上も放送されていたこともあります。

　オーディションブームのほかに特筆すべきは、中国のバラエティ番組が、韓国の影響を強く受けていることです。2005 年に日本でも一世を風靡したドラマ「宮廷女官チャングムの誓い」が、湖南衛視で放送されて大ヒットし、韓流ブームが巻き起こってからというもの、韓国バラエティにインスパイアされた番組が多く見られます。

　2010 年ごろからは、外国の人気番組のフォーマットを購入することもよくおこなわれています。とくに、世界 30 ヶ国以上で制作されている歌手オーディション番組「The Voice」シリーズの中国版「中国好声音」（浙江衛視、2012-16）、[9] 7 名のプロ歌手による歌のサバイバル番組「我是歌手」（湖南衛視、2013-16）[10] などの大ヒットが知られています。

メディアとしてのテレビ

　中国のテレビを考えるうえで避けることができないのが、政治の影響の強さです。

　1942 年、中国共産党の領袖（りょうしゅう）であった**毛沢東**（1893-1976）によって、「メディアは党の「喉と舌（のど）」である」と規定されました。これ以降、メディ

9　2016 年に版権問題で紛糾し、以後、浙江衛視のオリジナル番組「中国新歌声」へと衣替えしました。

10　韓国 MBS の「私は歌手だ（ナヌンカスダ）」の中国版です。2017 年からは、後述する高高度防衛ミサイル問題の余波でしょうか、湖南衛視のオリジナル番組「歌手」へと衣替えしました。

11　ふるまいよしこ『中国メディア戦争──ネット・中産階級・巨大企業』（NHK 出版新書、2016）では、習近平政権下でのメディアによるプロパガンダについてわかりやすく述べられています。

アは共産党に奉仕するものだと位置づけられています。現在の最高指導者、〈国家主席〉の**習近平**（1953-）も、「メディアの姓は党（中国共産党の代弁者）である」と発言し、毛沢東の見解を受け継いでいます[11]。

そうしたテレビの役割を象徴しているのが、毎日 19 時から 30 分間放送される CCTV のニュース番組〈**新聞聯播**〉（1978-）でしょう。国家指導者の動向を中心に、国内外の重要な出来事（と天気予報）を報じるこの番組は、CCTV だけでなく各地方のテレビ局でも同時放送されます[12]。

また、行政機関である国務院には〈**国家新聞出版広電総局**〉というメディア統括部局があり、テレビにかかわる許認可、規制などを担当しています。テレビ放送については、1 日の中でどのような番組をどの程度放送してよいかのバランスなども細かく定められています。ドラマ制作にかんしても、題材に制限があるうえに、制作前と放送前に〈**検閲**〉を受けなければなりません。

中国テレビ界では、中国をめぐる国際情勢の変化が原因だと思われる、不可解な変化が起こることがあります。たとえば 2012 年 9 月、日本の〈**尖閣諸島**〉国有化のさいには、日中合弁企業が冠スポンサーの番組が突如、放送を休止しました。アジア数ヶ国の選手が競い合う歌番組では、日本人の出演シーンだけがカットされました。また、2016 年 7 月、韓国が中国の反対を押し切って「高高度防衛ミサイル」（THAAD）の配備を決めたときには、韓国の歌手やタレントが、急に番組からいなくなりました。

ほかに、世界の華人にむけて発信されている、〈**香港**〉の「鳳凰衛視」は、中国大陸のテレビ局にはできない自由な言論を放送することで知られていましたが、2017 年 2 月、人気を誇っていた辛口時事鼎談番組「鏘鏘三人行」が終了するなど、ここでも近年気になる変化が起きています。

12　ただし、CCTV が官製報道のみをしているわけではありません。柴静著、鈴木将久・河村昌子・杉村安幾子訳『中国メディアの現場は何を伝えようとしているか —— 女性キャスターの苦悩と挑戦』（平凡社、2014）は、CCTV のキャスターであった著者が、社会問題に深く切り込んだ記録です。また著者は 2015 年、中国の大気汚染を独自に取材し、「穹頂之下」（アンダー・ザ・ドーム）という動画にまとめてインターネットで発表し、大きな話題になりました。

「晩会」という文化

　ここからは具体的な番組をご紹介しましょう。

　中国的な特色の色濃い番組としてまっさきに頭に浮かぶのは、〈晩会〉（もとは夜に催される文化的な集いのこと）です。CCTVでは、〈清明節〉（春分から15日目。家族揃って墓参をする）や〈中秋節〉（旧暦8月15日。月餅などを供えて月を祭る）といった伝統的な祝日の夜に、「晩会」と呼ばれる、大型の総合エンターテイメント番組が放送されます。なかでも代表的なものが、毎年旧暦の大晦日にCCTVで放送される、〈春節聯歓晩会〉（略称「春晩」）です。その歴史は長く、テレビ草創期の1983年に放送がはじまり、2018年の放送で36回を数えます。

　中国では、大晦日には家族団欒で食卓を囲み、「年夜飯」というご馳走を食べながら新年を迎えるのが定番の過ごし方です。このときお茶の間に流れているのは、十中八九、「春晩」です。いまは勇退してしまいましたが、東北地方出身の有名お笑い芸人、趙本山（1958-）の演じるコントは目玉のひとつで、毎年高い期待を寄せられていました。人々のなかの「春晩」の位置づけは、日本人におけるNHKの「紅白歌合戦」に似ているところがあります。最近つまらなくなった、と言われることも含めて。

　「春晩」では、歌や踊り、漫才にコント、マジックなどバラエティに富んだ演目が40ほど上演されます。ご覧になると、ド派手な色使い、出演者の多さや舞台装置の豪華さに圧倒されることでしょう。出演者はいずれも全国から選び抜かれた人々で、大晦日の風物詩である「春晩」に出演することは名誉だと考えられています。「春晩」が近づいてくると、今年は誰が出演するのかが関心の的となり、放送後には歌手の口パク問題が取り沙汰される、というのはおなじみの光景です。

　「春晩」について、筆者の周りの中国人に訊いてみたところ、「政治的色彩が濃すぎる」という意見がかなりありました[13]。たしかに、国営放送

13　辣椒『マンガで読む嘘つき中国共産党』（新潮社、2017）は、日本に亡命している中国人風刺漫画家による作品ですが、政治宣伝としての「春晩」を批判的に紹介しています。

の CCTV で放送される「春晩」では、「紅歌」といわれる、中国や共産主義を称える歌を多く流したり、随所で国家の威信を謳い民族の融和を訴えたりするような番組づくりがなされています。中国政治のウォッチャーは、政治の風向きを読む目的で、「春晩」に注目しているともいいます。しかし、そうしたことも含めて、「春晩」はお国柄がよく現れている番組です。ぜひ一度見てみるといいでしょう。[14]

電視劇のすすめ

中国のテレビの花形といえば、やはりドラマでしょう。日本では、〈華流ドラマ〉とも呼ばれています。

中国は世界有数のドラマ制作国です。2016 年時点で、1 年に作られるドラマは 1 万 7000 話にもおよぶといいます。分量の多さもさることながら、放送も日本と違ってハイペースでおこなわれます。新作ドラマのばあい、毎日（あるいは週に 4、5 日）2 話ずつ放送することが一般的です。話数も多く、現代ものは 40 話くらい、時代劇となるとその倍がふつう、100 話を超えるものも少なくありません。くわえて、ほとんどのドラマには字幕がついていますから、中国語の勉強の素材としてもおあつらえ向きです。

最近は、hulu や Netflix といった、有料のインターネット動画配信サービスも身近になってきました。韓流ドラマの数には遠く及びませんが、華流ドラマも配信されています。[15]

14　2016 年からは、動画共有サイト「ニコニコ動画」でも、日本語字幕、同時通訳つきで生放送されています。

15　2018 年 2 月時点で、「ビデオマーケット」が約 150 本、「U-NEXT」が約 70 本の華流ドラマを配信しています。

16　2010 年版（全 95 話）は、日本語吹き替え／字幕版の DVD ボックスが発売されています（エスピーオー、2013）。また、分冊百科「隔週刊 三国志 DVD ＆データファイル」（全 32 巻。講談社、2015-16）としても発売されています。

17　『水滸伝』2011 年版（全 86 話）は、日本語吹き替え版の DVD ボックスが発売されています（ジュネオン・ユニバーサル、2013）。

18　『西遊記』1986 年版（全 25 話）は、日本語字幕付き DVD ボックスが発売されています（コニービデオ、2006）。

『三国志』[16]、『水滸伝』[17]、『西遊記』[18]、『紅楼夢』[19] など、日本でも親しまれている古典的な名作は、みなドラマが作られています。中国の文学に親しんでいる方は、原作小説を片手にドラマを楽しんでみてはいかがでしょうか。

図 5-3　『宮廷の諍い女』DVD

清代の後宮を舞台に、女たちの戦いを描いた『宮廷の諍い女』[20]、『宮廷女官 若曦』[21]（ともに 2011）は、日本でも放送されてヒットしましたから、ご覧になった方もおいでかもしれません。

根強い人気を誇るのは、手練れの武術家たちが活躍する〈武俠ドラマ〉です。戦闘シーンにおける技や術の応酬が痛快で、なかでも『書剣恩仇録』（岡崎由美訳、徳間文庫、2001）、『天龍八部』（岡崎由美監修・土屋文子訳、徳間文庫、2010）など、金庸（1924-）の小説を原作とするものは、ほとんどの作品が何度もドラマ化されています。[22] バージョンごとの違いを見比べるのも一興でしょう。

近年では、『琅琊榜──麒麟の才子、風雲起こす』（2015）[23] が人気を博しました。架空の時代の宮廷を舞台にして、「梅長蘇」なる智謀の士が、皇位継承争いを陰で操りながら、自身の復讐を果たす物語です。宮廷ド

19　『紅楼夢』は、1987 年版（全 36 話）（コニービデオ、2009）、2008 年版（全 50 話）（全 3 巻。エスピーオー、2014）の日本語字幕付き DVD ボックスが発売されています。

20　『宮廷の諍い女』（全 76 話）は日本語字幕付き DVD ボックスが発売されています（全 3 巻。アミューズソフトエンタテインメント、2013）。

21　『宮廷女官 若曦』（全 35 話）は日本語字幕付き DVD ボックスが発売されています（全 3 巻。アミューズソフトエンタテインメント、2012）。また、原作の桐華『歩歩驚心──花萌ゆる皇子たち』（本多由紀訳。新書館、2016）も日本語で読むことができます。

22　たとえば『書剣恩仇録』は、2002 年版（全 45 話）のダイジェスト（アットエンターテイメント、2007）、2009 年版（全 40 話）（全 3 巻。マグザム、2010）が発売されています。なお金庸の小説は、徳間書店から全作品の邦訳が刊行されています。

23　『琅琊榜』（全 54 話）は日本語字幕付き DVD ボックスが発売されています（全 3 巻。ポニーキャニオン、2016）。

ラマと武俠ドラマの両方の要素を兼ね備えており、見応え十分です。

軍事・戦争ドラマが数多く作られているのも、中国ドラマの特徴のひとつです[24]。内容は〈中国国民党〉や日本軍を敵役にして、〈中国共産党〉軍の活躍を描くというもの。日本軍との戦いをあつかった〈抗日ドラマ〉も一大ジャンルをなしていますが、**劉文兵『中国抗日映画・ドラマの世界』**（祥伝社新書、2013）に詳しいので、そちらに譲ります[25]。敵との真っ向からのぶつかり合いではなく、スパイものも多く作られています。国民党との諜報戦を描いた『**プロット・アゲインスト**』（原題『暗算』、2005）[26]は、静謐ななかに息詰まる攻防が描かれており、出色の出来です。

図 5-4 『琅琊榜』DVD

歴史好きには時代劇をお薦めします。中国では、ほぼすべての時代がテレビドラマの題材となっていると言っていいでしょう。近年は、**渡邉義浩監修『中国時代劇で学ぶ中国の歴史』**（キネマ旬報ムック、2014, 2016-）というガイドブックが毎年刊行されており、時代背景や登場人物など、じつに詳しく紹介されています。ラブコメについては、『**華流テレビドラマコレクション**』（キネマ旬報ムック、2015, 16）が出ています。

24　本田善彦『人民解放軍は何を考えているのか —— 軍事ドラマで分析する中国』（光文社新書、2008）は、軍事ドラマを素材に、人民解放軍の内実に迫る試みをおこなっています。

25　本書の姉妹編『ドラゴン解剖学・竜の子孫の巻　中華文化スター列伝』（関西学院大学出版会、2016）第14章「21世紀の"鬼子"たちへ」も併せてお読みください。また、岩田宇伯『中国抗日ドラマ読本 —— 意図せざる反日・愛国コメディ』（合同会社パブリブ、2018）は、抗日ドラマをこよなく愛する著者のツッコミ目線によるドラマガイドです。

26　『プロット・アゲインスト』（全40話）は日本語字幕付きDVDボックス（全3巻。マクザム、2007）も出ています。

反腐敗ドラマ「絶対権力」

　既存の本ではあまり紹介されないのです
が、中国的な味わいの深い作品[27]として、ド
ラマ『**絶対権力**』（2002)[28]をご紹介しましょ
う。これは、〈反腐敗ドラマ〉というジャ
ンルのドラマで、地方政府や警察などを舞
台に、汚職とその摘発を中心に描いた勧善
懲悪ものです。

図 5-5　『絶対権力』DVD

　舞台は鏡州市（架空の都市です）。この市
の共産党委員会の〈**書記**〉（中国では、党が
行政を指導する体制であり、書記が実質的な市の
トップ）、「斉全盛」の夫人に収賄疑惑が持ち上がり、上級機関である省
から調査官「劉重天」が派遣されてきます。女性市長「趙芬芳」は、劉
調査官を抱き込んで、政敵である斉書記の追い落としを画策し、三者の
あいだで激しい権力闘争が展開されるといった物語です。

　この手のドラマの結末は、「悪の栄えた例なし」と相場が決まってい
ます。むしろ見どころは、中国きっての名優たちが演じる、政治の世界
の虚々実々の駆け引きです[29]。舞台が舞台ですから、画面に出てくるのは
おじさんばかりです。このあたり、「半沢直樹」など、一連の TBS ドラ
マに近いところがあります。十数年前のだいぶ古い作品ではありますが、
いまでも十分に楽しむことができますので、ぜひご覧ください。

　こうした反腐敗を謳ったドラマは、ここ 10 年ほどあまり制作されて

　27　今回は取り上げられませんでしたが、農村を描いたドラマにも興味深い作品が多々
あります。南真理「中国における農村テレビドラマの政治性とその受容――『劉老根』、『喜
耕田的故事』を中心に」（『近畿大学教養・外国語教育センター紀要 外国語編』3 巻 1 号、
2012）がつぶさに論じています。

　28　「絶対権力」（全 27 話）は日本語字幕付き DVD が発売されています（コニーファ
ミリークラブ、2013）。

　29　たとえば斉書記を演じるのは、ドラマ『三国演義』（1994 年版）の諸葛孔明役、また、
あまた作られている毛沢東の伝記ドラマの主演としてもおなじみの、国民的俳優・唐国強
（1952-）です。

いなかったのですが、2017年の春、『人民の名のもとに』（原題『人民的名義』）というドラマが久々に放送され、中国で異例の大ヒットとなりました[30]。どちらも周梅森（1956-）という反腐敗ドラマの第一人者が原作、脚本を手がけています。

変わりゆくテレビとの関係

スマートフォンの普及によって、中国でもここ数年、SNSが飛躍的に浸透しています。電子マネーやレンタサイクルの活用がさかんになっているのは、日本のメディアでもよく紹介されているとおりです[31]。

それにともなって、伝統的なメディアは衰退しつつあります。たとえば新聞は、かつては街かどに点在する新聞スタンドで買うのが一般的でしたが、その数は激減しています。テレビにかんしても、かつては番組表とともに見どころを紹介する、「電視報」という新聞がありましたが、これもほとんど見かけなくなりました。筆者が数年前、広州で買い求めた「電視報」は、老人向けの新聞とセットになっていました。「電視報」単体ではもはや存在できなくなったということでしょう。

じっさいに統計を見ると、65歳以上の層をのぞく世代で、リアルタイムでのテレビ視聴時間は、年々減少していることがわかります[32]。そもそも中国の中高生は、勉強漬けの生活を送っており、テレビを見ている暇などありません。大学生は基本的にキャンパス内の学生寮で集団生活を送りますが、寮にはふつうテレビがなく、娯楽といえば、テレビではなく、インターネットでの動画視聴が圧倒的です[33]。

30　詳しくは、日野杉匡大「おじさんたちの饗宴 ―― ドラマ「人民の名のもとに」」（『大朋友』第2期、2018.3）に紹介しています。

31　このあたりの事情は、中島恵『なぜ中国人は財布を持たないのか』（日本経済新聞出版社、2017）を読むとよくわかります。

32　徐立軍主編『中国電視収視年鑑2017』（中国伝媒大学出版社、2017）を参照しました。

33　最近の中国のインターネット事情にかんしては、中国でネット動画を配信している、山下智博『上海の中国人、安倍総理はみんな嫌いだけど8割は日本文化中毒！』（講談社+α新書、2017）がお薦めです。

〈微博〉（中国版ツイッター）を開くと、テレビ番組のハイライトシーンが、紹介文とともにトップページにズラっと並びます。番組全部ではなく、話題になった場面だけを見ている人も多いようです。さらに近年、テレビに比べればいくらか規制がゆるやかであるためか、バラエティもドラマもインターネット番組が増えてきました。

　残念ながら、日本と同じく、中国のテレビもすでにお茶の間の主役ではなくなったと言わざるを得ないでしょう。しかし、海を隔てた外国から中国を知ろうとする私たちにとって、テレビは変わらず中国を知るための窓でありつづけるはずです[34]。

　かつては中国旅行といえば、夜、ホテルで中国のテレビをザッピングするのが筆者の楽しみのひとつでした。いまは日本にいながらにして、中国のテレビ番組をあれこれと楽しむことができるのです。ぜひ寝ころびながら、気軽にいろいろな中国の姿を覗いてみてください。

34　本章では中国のテレビを対象としていますが、日本のテレビ番組における中国紹介については、たとえば、長井暁「テレビは中国をどう伝えてきたか──NHK の特集番組を中心に」（『放送研究と調査』59 巻 1 号、2009.1）に詳しく書かれています。

読んでみよう・調べてみよう！

1 インターネットや DVD で中国のドラマを視聴して、日本の同ジャンルのドラマとの違いについて挙げてみよう

2 CCTV のニュース番組「新聞聯播」を視聴して、日本のニュース番組との違いを考えてみよう

3 中華圏からの留学生と、お互いの国のテレビの事情について話してみよう

第6章

……………

話す

驚くほど豊かな言語文化

なぜ中国人の声は大きいのか？

　皆さんは「中国人は声が大きい」と思ったことがないでしょうか。それは気のせいでも勘違いでもなく、中国の人たちは平均的に見て、日本人よりずっと声が大きいです。それは何故でしょうか？[1]まず第一の理由として、〈中国語〉は明瞭に発音することで音の意味を特定する言語であることが挙げられます。広大な国土面積を擁（よう）する中国には、〈漢族〉以外に、55 の〈少数民族〉がおり、それぞれに言語を持っています。圧倒的大多数である漢民族の話す〈漢語（かんご）〉——これが日本人の言う「中国語」ですね——だけでも、実に多くの〈方言〉があります。[2]とはいえ漢語であれば一律に、〈声調（せいちょう）〉と呼ばれる、音の高低や上げ下げがあります。それによって、例えば "好" が、"hǎo"（低く押さえるような調子で。「良い」という意味）なのか、"hào"（高い所から急降下する調子で。「好き」の意味）なのかを区別しているのです。明瞭に発音しなかったら相手に自分の言葉が伝わらないのは、どの国の言語も同様ですが、中国語はとりわけその傾向が強いと言えるでしょう。

　第二に、世界一を誇る人口が挙げられるでしょう。中国の人口は2016 年末時点で、約 13.82 億人です。[3]たくさんの人の中で自分の意見を

1　段躍中編『中国人がいつも大声で喋るのはなんでなのか？』（日本僑報社、2013）には、タイトルの問いに対して、中国人学生がいくつもの答えを出しています。中国人自身がどう思っているか、興味のある人は読んでみて下さい。

2　詳しくは、中国モダニズム研究会『ドラゴン解剖学・登竜門の巻　中国現代文化14講』（関西学院大学出版会、2014）第 2 章「言語 —— 内なる多様性、外とのつながり」をどうぞ。中国語の歴史や漢字の成り立ちについても知ることができます。

述べねばならない、自己の存在をアピールしなければならないのだとしたら、大きな声を出さざるを得ません。ぼそぼそ、あるいはひっそりと話しても、誰も聞いてくれないのです。

　日本人も、「公的」に人前で話す時には、「私的」に話す時よりも、当然大きな声で明瞭に話すように心がけますよね。言ってみれば、中国人は私的な会話であっても、伝えるために、公的に話すような心がけをしているのかもしれません。

　そして何よりも、中国人は「話好き」、コミュニケーション好きです。話すことが好きな人は、話しているうちに楽しくなり、興奮しますね。つい声も大きくなろうというものです。この中国人の話好きは、日本人の話好きとは比較になりません。例えば長距離列車の中で、日本人でも隣に座った人と会話を楽しむことはあるでしょう。しかし、隣同士になっても目礼を交わすのみで、あるいは視線すら合さずに一言も発さない、という人も多いはずです。

　一方、中国人はほぼ確実に、隣の見知らぬ人と話を始めます。初対面でも全く気にしません。初対面だからこそ余計に話すことも増え、そのお喋りは列車を下りるまで続きます。「どちらから？」「どちらへ？」「ご出張？　それともご旅行？」「お仕事は？　どちらにお勤め？」「ご結婚はされているの？　お子さんは？」それこそ大きな声で、笑いを交えつつ。時には「お給料いくら？」と、日本人であればまず尋ねないことまで話題にされるほどです。逆に中国人は日本に来て電車や長距離バスに乗ると、誰も話していない状態に驚くそうです。[4]

　中国人の話好きは文化です。中国人自身は、好きとも嫌いとも意識していないかもしれません。実際、コミュニケーションには地域間や世代間、男女間など個人差はあります。しかし、ほかの国の人、特に日本人

　3　中華人民共和国国家統計局 http://data.stats.gov.cn/search.htm?s= 総人口
　4　井上優『相席で黙っていられるか ―― 日中言語行動比較論』（岩波書店、2013）は実に興味深い一冊です。中国人の妻から「娘と息子、どっちがかわいい？」と尋ねられて、なんと答えにくい質問だと悩む日本人の夫が、中国人と日本人の言語行動の文化的背景を読み解いています。

と較べますと、中国人は基本的に誰もが話すのが好き、話すことに抵抗がありません。ということは、中国では、同じ場にいる人とは話すことが礼儀でもあるのです。

「話す」力への高い評価

そもそも中国では、「大きな声で」「話す」能力が高く評価されます。中国語では人前で意見や考えを表明したり、スピーチすることを、"講"（jiǎng）という動詞で言い表しますが、中国人はこの公的に話す能力をとても重視しているのです。

日本でも政治家・弁護士・医師・教員など、「センセイ」と呼ばれて、人前で話すことを仕事の一部にしている職業従事者を始めとして、話すことがうまい人は大勢います。他方、人前で話す機会がないゆえに、スピーチが苦手な人も多く、そうした人を対象にして、スピーチの仕方を解説した書籍やサイトも巷（ちまた）では溢（あふ）れています。これに対して中国では、子供の頃からスピーチをする機会が多く与えられ、「大きな声ではっきりと話す」訓練がなされています。

中国の**陳為軍**（ちんいぐん）監督（1969-）のドキュメンタリー映画に、『**こども民主主義**』（2006）という作品があります。[5]〈**武漢**〉（ぶかん）（湖北省）の小学校での委員長選挙を追った、大変面白くかつ優れた映画です。見所の1つが、委員長候補になった3人の小学生が、担任の先生やクラスメートの前で議論をするシーンです。「君の欠点はすぐ泣くことだ」、「以前はそうだったけれど、今は克服した」などと、わずか8、9歳の児童が、感情的になるまいと努め、言葉のみで闘うさまに、圧倒されない日本人はいないでしょう。そして委員長選挙の最終日には、候補者がクラスメートに対して選挙公約をスピーチします。その堂々たる姿勢には、「話す」文化における日中の彼我（ひが）を感じずにはいられません。

5　『こども民主主義（Please Vote for Me ／請投我一票）』は 2007 年 10 月 27 日に NHK・BS で放映され、反響を呼びました。中国本国では未放映ですが、現在では DVD も発売されています。

「標準語を話しましょう」──標準語と方言

　先ほど、漢語には多くの方言があると述べました。日本では方言を、「東北弁」や「関西弁」のように、「○○弁」と言い表しますね。西洋の方言についても「ナポリ弁」と言ったりします。ところが、中国の方言については、〈広東語〉や〈上海語〉のように、「○○語」（中国語では「○○話」）という言い方で表します。これは、言語学的に本来は同じ〈漢語〉であっても、長い歴史の中で隔たりがあまりにも大きくなってしまったために、日本語の「○○弁」よりも、1つの独立した言語に近いと認識されたからです。

　実際、北京っ子は上海人の話す上海語をさっぱり理解できませんし、上海人は香港人の話す広東語を全く聴き取れないのです。日本において、関西弁話者と博多弁話者によるコミュニケーションに特段の問題がないのとは大きく異なります。

　方言はその土地独特の文化として味わい深いものではありますが、その格差の大きさは、同じ中国人同士の「コミュニケーション不全」を生むことにもなります。意思の疎通のためには、誰にでも通用する言葉、〈標準語〉が必要です。

　1949 年 10 月 1 日に成立した〈中華人民共和国〉政府は、民族間の共通語樹立のために動き出しました。1956 年、内閣に当たる〈国務院〉は、漢民族の標準語、〈普通話〉を規定しました。普通話とは、「北京語音を標準音とし、北方語の語彙を基礎とし、模範的な現代白話文（口語体の文章）の著作を文法規範とした」言葉です。ラジオやテレビ、お役所や学校など、公的な場においてはこの普通話が話されています。中国人の子供も幼稚園に上がると、普通話を学び始めるのです。

　標準的な学校教育を受けたことのある中国人であれば、誰でもこの普通話を話すことができるのですが、今なお中国各地で、「普通話を話しましょう」というスローガンを目にすることがあります。これは決して家族や親しい者同士の会話も普通話にするべきだ、という意味ではありません。出身地に関わりなく、普通話を用いて意思の疎通を図るべきお

役人たちが、普通話を話さないという現状があり、それを戒めるための
スローガンなのです。

　反面、近年の観光産業の猛烈な発展は、全国各地における「おらが村」
意識を促進しました。その土地独自の文化や風習がクローズアップされ、
「地域アイデンティティ」も高まりを見せるようになりました。その過
程で、方言も注目を浴びつつあります。方言をほかの文化と同様に、保
護し守るべきであるという声も上がって来ています。

　元々一方言に過ぎなかったはずの〈**広東語**〉が、若者のあいだで「ちょっ
とカッコいい言葉」と見なされたのは、〈**香港映画**〉や歌謡界など、メディ
アの強大な力によるものですし、[6]〈**広州**〉では広東語のラジオ放送が普
及しています。まさにこれこそ、方言が地域アイデンティティの根幹を
支えている好例と言えるでしょう。

　また、〈**上海**〉の幼稚園では、滅びつつあると言われる〈**上海語**〉が
教えられている例があります。[7] 上海が中国一の経済都市であることはご
存知ですね。このことから、言葉の趨勢と経済活動が無縁ではないこと
がわかります。いつの時代でも、言葉は政治や経済と切り離せない存在
なのです。中国では、広大な国土ゆえの標準語の普及（＝言語統一）と、
方言文化の保護は、なかなかに難しい問題と言えます。

生活に深く根差している成語とことわざ

　日本の中国語学習は、中上級段階に入ると、〈**成語**〉を多く学ぶこと
になります。むしろ、成語こそが中上級学習の鍵と言っても過言ではあ
りません。

　成語は学ばねばならないものと言うよりは、中国の長い歴史と豊かな
言語文化を象徴する、外そうにも外せない要素とでも言うべき存在で

　6　広東語については、丘学強『広東語の風景 —— 中国語方言の多彩な世界』（千島栄
　一訳、東方書店、1997）があります。広東語の成り立ちや漢字の相違などが紹介されてい
　ます。
　7　「幼稚園で上海語の授業を試行　上海」（「人民網日本語版」2013 年 5 月 24 日）
　http://j.people.com.cn/94475/8257659.html

す。「単刀直入」や「孤軍奮闘」、「傍若無人（ぼうじゃくぶじん）」など、現在では日本人が日常生活で用いている熟語が、元々は中国の成語だと考えると、中国の成語文化の奥ゆきや深さを推（お）して知ることができるでしょう。

日本でも上映された、ブラッド・ピット主演のハリウッド映

図6-1　町なかの美容院
（撮影：杉村安幾子）

画『ベンジャミン・バトン──数奇な人生』（2008）は、80歳の状態で生まれた男がどんどん若返っていく物語ですが、中国語のタイトル "返老還童"（Fǎn lǎo huán tóng）は、「若返る」を意味する成語です。

図6-1にある "改头换面＝改頭換面"（gǎi tóu huàn miàn）は美容院の店名で、「内容はもとのままにしてうわべだけを変える」という意味の成語です。本来はあまり良い意味ではないのですが、髪形を変える美容院の名前としてはなかなか洒落ているかもしれません。

また、「食全食美」という食品店があるのですが、これは "十全十美"（shí quán shí měi、完璧である）という意味の成語と発音が同じです。「衣見鍾情」というブティックは "一見鍾情"（yíjiàn zhōng qíng、一目惚れ）と、さらに「布同凡想」という布地屋は "不同凡響"（bù tóng fán xiǎng、出色である）と発音が同じです。このように、中国人は日々の生活でごく自然に成語を用いているのです。[8]

ことわざも中国人の生活とは切っても切り離せません。日本語の「壁に耳あり、障子に目あり」は、中国語では "天有眼，墙有耳"（Tiān yǒu yǎn, qiáng yǒu ěr、空に目あり、壁に耳あり）と言います。よく似ていますね。また、努力を惜しむ怠け者の学生に対し、先生はこう言います。"喫得

8　中国語学習の飛躍のためには、北村亮介『中国語　成語へのアプローチ』（風詠社、2012）を用いましょう。また、成語の背景にあるエピソードを丁寧に解説しているのが、駒田信二・寺尾善雄編『中国故事物語』全3巻（河出文庫、1983）です。

苦中苦，方為人上人"（Chīde kǔ
zhōng kǔ，fāng wéi rénshàngrén）。
「苦しみに耐えてこそ、人の上
に立つ人間になれる」というこ
とです。そして、「不幸な家族
にはそれぞれの不幸の形があ
る」とは、ロシアの文豪トルス
トイの長編小説『アンナ・カ
レーニナ』の有名な冒頭部で

図6-2　エドガー・スノーと毛沢東、1970年
（写真提供：アフロ）

すが、中国のことわざに置き換えると、"家家有本難念的経"（Jiājiā yǒu
běn nánniàn de jīng、どの家にもその家なりの悩みがある）といったところで
しょうか。

　「言葉遊び」の好きな中国人のご多分に漏れず、中華人民共和国の初
代〈国家主席〉である毛沢東（1893-1976）も、言葉遊びが好きでした。
1970年12月18日、毛沢東は米国のジャーナリストであるエドガー・
スノー（1905-72）に対し、自分は"和尚打傘"（héshàng dǎ sǎn、坊さんが
傘をさす）だと語った、といいます。当時、スノーもその意味がわから
なかったようですが、これはお坊さんに「髪の毛がない（無髪、wúfà）」
ことと「無法である（無法、wúfǎ）」ことを重ね、傘をさすと「空が見え
なくなる（無天、wú tiān）」ことと「天理に悖る」ことが同語であること
にかけた、洒落言葉です。つまり毛沢東は、「自分は法律など無視した
大胆不敵な人間なのだ」と宣言したということです。こうした洒落言葉
を〈歇後語〉と言い、中国語ではよく用いられます[9]。

　では次の言葉はどのような意味だと思いますか？　"断了線的風箏"
（duànle xiàn de fēngzheng）。元々は「糸の切れた凧」の意ですが、そこ
から「行方知れず」（不知去向、bùzhī qùxiàng）や「行方不明」（下落不明、
xiàluò bùmíng）を指すようになりました。

9　中国の有名な古書サイト「孔夫子」は、"孔夫子搬家"（Kǒngfūzǐ bān jiā、孔子様の
お引越し）という歇後語から来ています。その心は、"浄是書"（jìngshì shū、本ばかり）です。

流行語と新語の栄枯盛衰

どの国のどの時代にも、その社会や時代の世相(せそう)を反映する「流行語」や「新語」があります。一時のブームだけで消えていくものもありますが、新しい事物の名として登場し大流行し、その後も定着していくものが多くあります。

例えば、スマートフォンが登場した時、"智能手機"（zhìnéng shǒujī）はピカピカの新語でした。しかし日本同様、スマホはあっという間に中国でも人々の生活の中に入り込み、今や誰も新語だとは意識していないでしょう。もはや、冷蔵庫（"氷箱"、bīngxiāng）や洗濯機（"洗衣機"、

図6-3　農山村へ行く立派な青年たち

xǐyījī）と同じように、ごく普通の電気製品となっているのです。そう考えると、冷蔵庫も洗濯機も、最初は新語・流行語だったことがわかります。

もう1つ、元々あった単語に、別の意味が付与(ふよ)されることで新語になった例を見ましょう。日本では「おっかけ」とも称される、熱烈なファンを意味する"粉絲"（fěnsī）です。本来は「はるさめ」を意味するこの語は、はるさめが鍋料理の中でほかの野菜や肉に絡むイメージと、英語の"fans"を受けて、すっかり新たな語として定着しました。中国で最も権威のある中国語辞典、『**現代漢語詞典**』第7版（商務印書館、2016）にもすでに収録されているほどです。

このような例は、ほかに"白骨精"（báigǔjīng）があります。本来は〈**明代**〉(1368-1644) の小説『**西遊記**』に登場する妖怪の名ですが、今では"白領"（báilǐng、ホワイトカラー）、"骨干"（gǔgàn、中核）、"精英"（jīngyīng、エリート）である、中産階級の人々を指す言葉になりました。

かつては誰もが口にし、しかし消えていった新語としては、"大鍋飯"（dàguōfàn、能力に関係なく全ての人の待遇が一律であること）、"紅衛兵"

(hóngwèibīng、文化大革命期に組織された学生組織)、"糧票"（liángpiào、食糧配給切符)、"上山下郷"（shàng shān xià xiāng、学生などが農山村に長期間定住して社会主義建設に協力すること）などが挙げられます。

　1960年代から70年代にかけて全国に普及した、こうした当時の社会・政治思想を色濃く反映した言葉は、現在では歴史回顧の文脈以外ではほとんど用いられません。ひょっとしたら、現在の中国の若者は、これらの言葉を知らない可能性すらあります。逆にこれらの言葉から、当時がどのような時代であったか、人々がどのような生活を送っていたかを推し量れるのではないでしょうか。

言葉遊び・戯れ歌・ジョークが照らす「中国の不都合な真実」

　中国人は「言葉遊び」が大好きです。言葉遊びの歴史は古く、例えば旧暦の1月15日は〈元宵節〉という祭日で、提灯を飾ったり、ドラゴンボートレースをおこなったり、〈湯圓〉（中国式白玉団子）を食べる習慣があります。〈宋代〉（960-1279)には提灯に謎々を書く風習も生まれました。謎々は、物や人名・地名を当てるもの以外に、漢字や成語を当てるものなど、さまざまなジャンルがあります。文字を当てる謎々を見てみましょう。

　"内裡有人"（Nèilǐ yǒu rén)。普通に読むと、「内側に人がいる」という意味になりますが、ここでは「内」という字の中に「人」という字がある、と理解します。そうすると答えは"肉"（ròu）ですね。これはかなり簡単な謎々です。

　また例えば、"千条線，万条線，掉到水裡看不見。打一自然現象"（千本の糸、万本の糸、水に落ちたら消えちゃった。自然現象を当てましょう）はどうでしょう。これも簡単ですね。答えは"下雨"（xiàyǔ、雨）です。

　もっと難しい四字成語当て

図6-4　謎々が書かれた元宵節の提灯

謎々に挑戦してみましょうか。"皇"（huáng）、このたった一字から、それが表している成語を考えます。この字はよく見ると、「白」と「王」から成り立っていますね。そこから、"白玉無瑕"（báiyù wúxiá、完全無欠）を導き出します。"無瑕"とは玉の表面のキズがないことを意味しますので、「白玉」の点「、」がない、と考えるのです。これは私たち外国人には相当難度の高い謎々です。

　次に「戯れ歌」を見ましょう。戯れ歌は、中国語では〈順口溜〉（shùnkǒuliū）、あるいは〈打油詩〉（dǎyóushī）と言い、語呂の良い韻文の一種です。多くの場合、世相を諷刺した、あるいは皮肉った内容になっています。日本の「狂歌」などと同じく、基本的には詠み人知らずです。**南雲智『戯れ歌が謡う現代中国——「調和社会」への道』**（桜美林ブックス、2010）が詳しく紹介・解説してくれています[10]。

　その中から1つ。"五十年代淘米洗菜，六十年代水質不壊，七十年代也還可愛，八十年代魚蝦絶代，九十年代不洗馬桶蓋"（50年代米をといで野菜を洗う、60年代水質立派なもの、70年代まだまだ安全、80年代魚やエビが絶滅し、90年代オマルのフタさえ洗えない）。中国の深刻な環境問題を痛烈に皮肉っていますね。皮肉や諷刺は憂うべき現象を笑い飛ばす、本来であれば客観的で冷静な態度のあり方とも言えますが、中国の水質汚染はすでに笑えないところまで来ているようです。

　女性に比して男性の数の圧倒的に多い中国は、男性の結婚難が社会問題になっています。一方で愛人を囲う官僚や金持ちも多く、それを受けた戯れ歌は次の通りです。"一等男人家外有花，二等男人家外找花，三等男人四処乱抓，四等男人下班回家"（一級の男は家庭の外にも愛人がいる、二級の男は家庭の外で愛人探し、三級の男は必死に恋人探し、四級の男は仕事が終わって帰るだけ）。そしてもう1つ。"長相要漂亮的，性格要賢恵的，這様的女人也是基本没有的"（顔は美人でなきゃ、性格は善良で優しくなきゃ。そん

　10　邱奎福『現代中国風刺詩事情——戯れ謡で読むほんとうの中国』（小学館、2007）も、多くの戯れ歌を文化的・社会的背景の解説とともに紹介しており、現代中国社会の理解にも恰好の一冊となっています。

な女、いるわきゃない）。その通りです。恋人や結婚相手に求める要求水準を上げたところで、なかなか良い人には巡り合いませんよね。

　さて、こう見てきますと、中国人はジョークや笑い話が大好きだと聞いても驚かなくなりますね。実際、中国人のジョーク好きは相当です。何人かが集まって雑談をしていると、誰かが冗談を言って皆で大笑い、別の誰かも笑い話を披露してさらに大笑い、といった具合です。入門としては、**相原茂『笑う中国人——毒入り中国ジョーク集』**（文春新書、2008）が、つい笑ってしまう笑い話をたくさん収録しており、お薦めの1冊です。

　その中から1つ短いものをご紹介しましょう。「おいおい、いま、痰を吐いたね。五元（中国のお金の単位）の罰金だ」「ちぇ、わかったよ。払えばいいんだろ。ほれ十元だ。釣りをくれ」「釣りがないや。こうしよう。もう一回痰を吐きな」。中国では街で痰を吐くと、罰金が科されます。そして又、権力を持っている人がそれを誇示することも、言わば中国の文化の一側面です。その点を非常にうまく突いた笑い話と言えるでしょう。

　世界の他の国々との比較の面から中国のジョークを紹介した本には**鈴木譲仁『世界の中国人ジョーク集』**（中公新書ラクレ、2008）があります。例えばこのようなジョークが紹介されています。

　「世界の教育事情：何年勉強しても絶対に身につかないものは？——日本人の英語教育・アメリカ人の反戦教育・ロシア人の道徳教育・イタリア人の性教育、そして中国人のマナー教育」。このジョークは諷刺の矛先が中国だけではありませんから、中国人の同席する場で披露しても、お互い苦笑いできるものですね。では、次はどうでしょう。

　「中国のある街で、納期がずれたことのない工場の社長、マルクス主義を真面目に勉強する共産党員、契約を必ず守る中国人ビジネスマン、そして人のいい日本人留学生が合コンをしました。誰が彼女をゲットしましたか？——答えは人のいい日本人留学生。なぜなら、その他はこの世に存在しないから」[11]。

ところで、中国の漫才は、〈相声〉(xiàngsheng) と言います[12]。〈明〉や〈清〉の時代に、茶店などで客を笑わせる話芸を起源として発展した伝統演芸です。落語や声帯模写などの要素も含み、基本は完全に話芸で、世相風刺を始めとした内容で、聴き手を笑いの渦に巻き込みます。

相声はかなりの早口で行われるため、聴き手には高いリスニング力と中国文化への理解が求められ、私たち外国人には相当の難物です。逆にそれゆえに、中国の「言葉」文化の高いレベルでの体現とも言えるでしょう。今もなお中国の人々に愛され続けている相声は、「言葉の芸術」とすら見なされています。

「話す」や「言葉」をキーワードとして中国文化を見てみると、中国の言語文化が驚くほど豊かなものだとわかります。最後に〈唐代〉(618-907) の詩人、**李嶠** (645-714) の〈**五言絶句**〉(漢詩の形式の一種) を見てみましょう。

解落三秋葉、能開二月花、過江千尺浪、入竹萬竿斜
(解け落つ三秋の葉、能く開かしむ二月の花、江を過ぐ千尺の浪、竹に入り万竿斜めなり)

この詩は実は謎々になっており、タイトルを当てるものです。おわかりですか？──答えは、「風」です。

このように中国では、〈唐詩〉が謎々にもなっているなどして、現在でも楽しめる言葉遊びとして伝わっています。こうした言語文化は、何度となく王朝が替わっても、以前の習慣や風習を損なうことなく連綿と継いできた、中国の歴史が育んだものなのです。

11　中国のジョーク・笑い話に関しては、相原茂『ちくわを食う女 ── 中国語学者の日中異文化ノート』(現代書館、2009)、同『中国人は言葉で遊ぶ』(現代書館、2016) もあります。

12　相声については、戸張東夫『中国のお笑い ── 伝統話芸 "相声" の魅力』(あじあブックス、大修館書店、2012) が大変詳しく、かつ体系的にその魅力を伝えてくれます。

 中国の謎々に挑戦！

1　両只船児怪，不在水裡開，白天地上走，夜晩床辺待。
（とっても不思議な二艘の舟、水中ではなく地上で歩く、夜はベッド脇で
待機中：日用品を当てましょう）

2　鏡中人
（鏡の中の人：漢字を当てましょう）

3　紅口袋，緑口袋，有人怕，有人愛。
（紅いポケット、緑のポケット、嫌がる人もいるけど、大好きな人もいる：
野菜を当てましょう）

4　山西空中夜景
（山西省の空中から見る夜景：外国の要人を当てましょう）

5　甚麼字全世界通用？
（全世界で通用するのはどの文字？：クイズ）[13]

13　謎々の解答　1.　鞋子（xiézi、靴）、2.　入（rù、入る）、3.　辣椒（làjiāo、トウガラ
シ）、4.　普京（Pǔjīng、プーチン）、5.　阿拉伯数字（Ālābó shùzì、　アラビア数字）

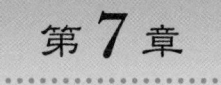

第7章
生まれ、生き、死ぬ

冠婚葬祭

誕生祝い

人はこの世に生まれてから老いるまで、いくつもの節目（ふしめ）を迎えながら、年齢を重ねます。この章では、そうした人生の節目、中国の「冠婚葬祭（かんこんそうさい）」について紹介することにします。

近代以前の中国では、跡継ぎ息子を求めて、神仏に願掛け（がんか）をおこなうという風習が人々のあいだに広く浸透していました。最も信仰を集めていたのは、〈娘娘廟（ニャンニャンびょう）〉に祀られた〈娘娘神〉という女神です。北方中国で信仰されるのは、〈山東省（さんとう）〉の聖地〈泰山（たいざん）〉の「泰山娘娘」です。一方、南方中国では、〈福建省（ふっけん）〉を中心として、「天后娘娘（てんこう）」という海神に、人々が盛んに参詣して子孫繁栄を祈りました。[1]

図7-1　男子が続けて生まれることを願う伝統的な版画（年画）、「蓮笙貴子」。蓮は連、笙は生と同音

（出典）樋田直人・松田高治『中国年画の世界』淡交社、1996

20世紀前半の〈中華民国〉期（1912-49）までは、自宅出産が主流でした。産婆（さんば）が妊婦の自宅を訪問して、出産を取り仕切りました。[2]医学の知識が乏しく、不衛生な環境だっ

1　永尾龍造『支那民俗誌』第6巻（国書刊行会、1973）に詳しい説明があります。
2　羅信耀著・藤井省三ほか訳『北京風俗大全──城壁と胡同の市民生活誌』（平凡社、1988）は、中華民国時期の北京の生活慣習を詳細に述べた本です。中山時子編『老舎事典』

た時代、女性にとって出産は、命の危険を伴う一大事でした。それだけに、子どもが無事に生まれたときの喜びは極めて大きなものであり、さまざまな儀式をおこなって子どもの成長を祈願しました。中でも、〈洗三〉〈満月〉という祝賀行事がよく知られています。

新生児が初めて産湯を使うのは、生後3日目です。多くの客を招き、その前で赤ん坊に産湯を使わせ、祝宴を催すのが「洗三」です。生後1ヶ月目の日に、再び親戚・知人を招待し祝宴を催すのが「満月」です。洗三は、銅銭や落花生、赤・白・黄の三色の鶏卵などが投げ込まれた金だらいで、産婆が赤ん坊の体を洗いながら、

　　　まずおつむを洗って王侯になりましょう。さあその次は腰を洗って先代よりも高い位につきましょう。さあおちんちんを洗って県知事さまになりましょう。

などと祝福の言葉を唱える、賑やかなものだったようです。[3]

満1歳の誕生日に行われる〈抓週〉という儀式は、子どもの前に品物を並べ、筆を掴めば文人に、銭を掴めば商人になるというように、将来を占うものでした。

婚約と結婚

現代中国では、日本の成人式に当たる行事は行われていないようです。しかし古代中国では、男性が20歳になると、冠を戴いて〈字〉、すなわち成人後に用いる通名を名乗りました。この「冠礼」をおこなうことによって、一人前の社会人と認められます。また女性は、男性より早く、15歳のときに頭に笄を挿して、成人したものと見なされました。こう

（大修館書店、1988）などを参照してください。

　3　老舎「正紅旗下」（『老舎全集』第8巻、人民文学出版社、1991）。日本語訳は注2所掲中山書による。

　4　今日では20歳の成人だけでなく、若者を指すことも多い「弱冠」は、古代の冠礼に由来する言葉です。

した「儀礼」が、次第に庶民
のあいだにも浸透していきま
した。

　近代以前の比較的裕福な家
庭では、配偶者の選択や費用
負担にいたるまで、婚姻に関
することは、すべて親が決め
るのがしきたりでした[5]。本人
が生まれる前、母親の胎内に
いるうちに、両家の話し合い
で将来の結婚を約束する慣行
を、〈指腹為婚〉と呼びます。

図 7-2　婚姻の礼で、天地を拝する
（出典）『北京風俗図譜』東北大学附属図書館所蔵

　男性が幼児のうちに、年上の女性を「嫁」として迎える、一種の売買
婚の習慣もありました。この嫁を〈童養媳婦〉と言います。童養媳婦は
貧しい農村から結納金と引き替えに連れてこられることが多く、男性が
適齢期になるまで、農作業などの手伝いをする労働力と見なされました。
沈従文（1902-88）の小説「蕭蕭」（城谷武男訳『瞥見沈従文——翻訳集』サッ
ポロ堂書店、2004）は、年頃になった農家の童養媳婦が、住み込みの作男
に誘惑され妊娠する話です。姦通は農村における重罪で、男女とも厳罰
に処される村の掟がありました。妊娠が発覚した途端、男は一目散に村
から逃げ出します。また魯迅（1881-1936）の「祝福」は、童養媳婦の女
性「祥林嫂」を見舞った、過酷な運命を描いています。

　お相手の候補が決まると、信頼できる人物を仲人に立てて、結婚を申
し込みます。仲人のいない「自由結婚」は、伝統的な価値観から見れば
とんでもない、破廉恥な行為と考えられました。

　婚礼の当日、花嫁は花婿の差し向けた「花轎」（装飾を施した駕籠）に乗り、
楽隊の奏でる太鼓、ラッパ、銅鑼の音楽とともに、婚家の敷居を跨ぎま

5　注2所掲羅書参照。

す。花嫁は轎から下りると、「送親太太」（新婦の親族の女性）と「娶親太太」（新郎の親族の女性）に付き添われ、新郎の前に行き、2人並んで天地を拝して、礼を挙げます。花嫁が新郎の部屋に入り、2人で天地神の前に跪き、3度〈叩頭〉（地面に頭を付ける）します。そこで花嫁が「炕」（オンドル）の端に座り、新郎は旧式の秤の棒で、花嫁の頭に掛けられた頭巾を外します。花嫁の髪に、簪が挿されます。付添の女性が、赤い糸で結び合わせた2つの「瓶子」を手に取り、同じく赤い糸でつないだ杯に酒を注ぎます。その杯を新郎と新婦に渡し、2人はそれを1口のみ、杯を交換して、また1口飲みます。この儀式を〈交杯〉と呼び、婚礼のクライマックスです。

　一方、現代では、婚礼も様変わりし、西洋式のスタイルに近いものになっています。結婚式では、主催者（両親とは別の人物）、新郎新婦の両親、媒酌人、結婚証明人（友人など）が入場し、その後、音楽に乗せて新郎新婦が入場します。司会の宣言とともに式が始まると、新郎新婦が中央のひな壇に起立します。

　最初に媒酌人から、2人のなれ初めから結婚にいたるまでの経緯が報告され、結婚証明人が結婚証書を読み上げます。指輪を交換し、互いにお辞儀の礼を交わします。その後、来賓の祝辞、主催者の挨拶等があり、最後に新郎新婦がお辞儀をして謝

図7-3　人気の観光地・青島で結婚写真を撮影中のカップル　（撮影：中野知洋）

6　旧式の結婚式の記述は、青木正児編・内田道夫解説『北京風俗図譜』（平凡社、1986）、及び注2所掲中山書をもとにしたものです。1930年代山東省の農村を舞台とする映画『赤いコーリャン』（張藝謀監督、1989）には、造り酒屋に嫁ぐ若い女性の花嫁行列が登場します。また、『黄色い大地』（陳凱歌監督、1986）も、陝西省の黄土高原の、貧しい農村の悲しい結婚の模様を描いています。

7　以下、現在の結婚式の流れは、周国強『中国年中行事・冠婚葬祭事典』（筧武雄・加藤昌弘訳、明日香出版社、2003）の記述に依拠したものです。

意を示した後、来賓が新郎新婦に色とりどりの花びら、紙吹雪を投げて祝福します。

　また結婚写真は、婚約時に撮影することが多いようですが、経済力に応じた派手なイベントを好む中国人のこと、コスプレしたり、観光地で撮影したりと、大変な力の入れようです。

結婚難の現代

　現在の中国では、成人年齢が 18 歳なのに対し、婚姻年齢は男性が 22 歳、女性は 20 歳と、婚姻年齢を成人年齢より高く定めています。1980 年に制定された婚姻法では、晩婚・晩出産を奨励する文言が付加されています[8]。

　これは、中国が頭を悩ませてきた、〈人口増加〉という社会問題に対する 1 つの解決策、すなわち〈一人っ子政策〉と呼ばれる人口抑制政策と関わるものです。人口増加を法律によって強制的に抑制しようとする一人っ子政策は、1979 年に始まりました。そして 2015 年に終了するまでの 30 余年間、人々のあらゆる活動を見えないヒモのように縛り付けてきました。人権問題の根源と言っても過言ではありません[9]。

　1949 年の〈中華人民共和国〉成立後、最初に「婚姻法」が公布されたのは、1950 年のことです。この法律によって、男女の自由な意思による結婚が認められるようになりました。女性作家の丁玲（1904-86）が、大学生に向けた講演で、恋愛の条件について、「お互いが理解し、お互いに尊重し、手をたずさえて前進しさえすればよいのです」と述べたのも、男女平等の時代への期待の表明と言えます[10]。

　結婚の自由と同時に、離婚の自由も認められるようになりました。離

8　加藤美穂子『中国家族法［婚姻・養子・相続］問答解説』（日本加除出版、2008）参照。

9　「一人っ子政策」廃止後に刊行された、メイ・フォン『中国「絶望」家族——「一人っ子政策」は中国をどう変えたか』（草思社、2017）は、マレーシア生まれの中国系アメリカ人ジャーナリストが、無戸籍、強制的な妊娠中絶、老人虐待等、人口抑制政策によって生じた人権問題を厳しく糾弾しています。

10　「若い人たちの恋愛について」（もと岡崎俊夫訳『文学と生活』青銅社。尾崎庄太郎・門田昌子『新中国の愛と結婚』和光社、1955 からの再引用）。

婚の自由は女性の解放という点で大きな進歩と言えるものですが、とかく一筋縄で行かないのが夫婦の関係です。「愛せない妻を離婚すべきか？」といった悩み相談が増えるようになりました。

　前述のように、売買婚の慣習があったかつての中国では、離婚は経済力のある夫が妻に対して、一方的に言い渡すもの、宣告された妻は途方に暮れるだけ、といったイメージがつきまといます[11]。

　1980 年に、計画出産の実行等を明記した、2 番目の婚姻法が施行されました。1966 年に始まる〈プロレタリア文化大革命〉（文革）を経た、1980 年代にいたっても、こうした傾向が続いていたものと見えます。1985 年に北京で就職していた、多田佳子の報告は、13 の事例を紹介しています。そのうち女性が男性に離婚を申し込んだのは 1 例のみ、ほかはすべて男性の事情によるものです[12]。

　2004 年のテレビドラマ『中国式離婚』は、医師の夫と小学校教員の妻とのあいだの断絶と別れがテーマで、大変な反響を呼びました[13]。また、1970 年代末に始まる〈改革開放〉後の上海の離婚事情を描いた映画『上海家族』（彭小蓮監督、2004）は、夫と離婚して実家にも居場所がない中、2 人でたくましく生きてゆく母と娘の物語です。

　相応しい相手と容易に巡り合うことができないという男女の悩みは、今日まで続く、難問中の難問です。『スパイシー・ラブスープ』（張楊監督、1999）は、1 組の男女が結婚登記所に婚姻届を提出し、結婚式を挙げるまでの寸劇を軸に、北京における恋愛模様を 5 本の短篇映画で描いたオ

11　魯迅「離婚」（竹内好訳、『魯迅文集』第 1 巻、ちくま文庫、1991）は、夫が町の有力者の力を借りて、嫌がる妻を無理やり離婚に追い込みます。また老舎「離婚」（竹中伸訳、『老舎小説全集』第 1 巻、学習研究社、1982）は、北京に暮らす公務員と、その妻たちの日常生活に潜む、離婚危機がテーマです。これらの作品から、女性たちが離婚すればただちに路頭に迷うしかない、弱い立場に置かれていたことを読み取ることができます。

12　多田佳子『愛人 —— 中国的離婚事情』（五月書房、1988）。「一般的に、中国人は男女の交際にとても慎重で、職場が同じでも部署が違えばあまり話もしない」というのは、恐らく本当のところだったでしょう。

13　日本語版公式ホームページ、http://www.cinemart.co.jp/china-drama/divorce/story/index.html 原作は、王海鴒の小説『中国式離婚』（南雲智ほか訳、論創社、2014）です。

ムニバスです。また、**安田峰俊『中国人のリアル――恋愛事情から、お騒がせ大国を「ゆるく」論じてみた』**（TO ブックス、2010）は、気鋭の若手中国ウォッチャーが、自ら中国の「婚活サイト」に登録し、お見合いにこぎ着けた体験談や、中国版質問サイトに書き込まれた恋愛相談など、現在を生きる若者の恋愛事情を紹介しています。

　中華人民共和国成立直後、都市における女性の就業率は飛躍的に高まりました。政治的な解放、経済的な自立と、教育水準の向上が、女性の人生観や生活様式に変化をもたらします。多様になった価値観を要約することは困難ですが、容姿、学歴・職業、居住地等といった配偶者選択基準のずれが顕在化したことも、結婚難の一因であるとも指摘されています[14]。

　不動産価格の高騰など、住宅事情が過酷な中国では、近年、結婚に当たってマンションや車などの高額品を、主に男性側が準備するという慣習が定着しつつある、との報道も見られます[15]。映画『**狙った恋の落とし方。**』（馮小剛監督、2010）は、40 歳代の裕福な中年男性が、結婚相手を探して何度も見合いを繰り返す、婚活映画です。中国で公開されると、大変な話題を呼びました。

　その一方で、ここ数年はそうした男余りから打って変わって、〈剰女〉（女余り）こそが世相を反映したキーワードといった感もあります[16]。女性の高学歴化、社会進出が一般化した都市部において、学歴や収入など、条件のよい女性の晩婚化が進んでいる、という世相を示したものです。文革世代の両親が一刻も早い結婚を期待して、それが圧力になるなど、世代間の生活スタイル、人生設計の相違も相俟って、結婚適齢期の女性を悩ませているのかもしれません[17]。

14　張萍『中国の結婚問題』（新評論、1999）。

15　ロブ・ブルックス「中国にあふれる「結婚できない男たち」―― 社会不安の原因にも」CNN2012 年 12 月 9 日、URL: http://www.cnn.co.jp/world/35025055.html、最終アクセス日：2018 年 8 月 20 日。

16　「中国の「剰女」事情―― 生涯独り身を選ぶ女性が増加中」、CNN、2013 年 12 月 8 日、URL: http://www.cnn.co.jp/world/35036497.html、最終アクセス日：2018 年 8 月 20 日。

ときどきネットに、「路上に落ちていた」との投稿とともに赤い封筒の写真があがり、読者のコメントが驚きと恐怖に包まれることがあります。〈冥婚〉と呼ばれる死後結婚の慣行ではないかと疑われるためです。中国の古典にも見える冥婚は、未婚のままなくなった死者を憐れんで、死後に結婚させようとの動機から始まったものと考えられますが、現代社会では、そのために遺骨が盗難に遭ったり、あるいは殺人事件が発生したりと、社会問題になることもあります。

　上記の赤い封筒は、台湾の冥婚で、女性の遺族が、〈紅包〉という赤い封筒に女性の写真や髪の毛を入れて路上におくと、拾った男性が死者の女性と結婚することになるとも言われます。[18]

　冥婚は、中華圏以外のアジアにも伝わっています。櫻井義秀『死者の結婚——慰霊のフォークロア』（法蔵館文庫、2024）は、日本の東北地方、沖縄、韓国や中国・台湾の冥婚を紹介したものです。

　このように、結婚は、個人の問題ではあるものの、同時に社会や経済の動きと密接に関わる事柄です。また、中国では産児制限等、個人の領域に政治権力が干渉することも多くあります。現代中国の結婚事情を観察するためには、それらを総合的に理解することが必要です。

死者を弔う

　さて、人生の最後を締めくくる儀礼は、葬式ということになるでしょう。中国の古典『儀礼』や『礼記』の諸篇には、〈周〉（前1046-前256）の時代に定められた「喪」の制度が詳しく記されています。[19] それらは〈儒

17　こうした中国人独身女性の告白を淡々と映し出した、高級化粧品「SKII」のネットCM（https://www.youtube.com/watch?v=irfd74z52Cw）が、話題を呼びました。また、一方で、経済的な理由で「結婚」という一種のセーフティネットからはじき出されてしまう女性もいます。福島香織『潜入ルポ　中国の女』（文春文庫、2013）は、女性に焦点を絞りながら中国の貧困問題に切り込んでいます。

18　田中美帆「SNSでバズった「冥婚」　台湾の伝統的風習のホントのところ」https://news.yahoo.co.jp/expert/articles/d1358f94521dded108f389b7d4aa7a481f924b2a、最終アクセス日：2025年4月13日。

19　池田末利訳注『儀礼III』（東海大学出版会、1975）を参照。尚秉和『支那歴代風俗事物考』（大雅堂、1943）は、古代中国の喪葬について要領よくまとめています。

教〉の伝統として大切に守られ、〈清末〉の北京においてもなお保存されていました[20]。

　日本では喪に服する際の色は、もっぱら黒、というしきたりがあります。中国の葬式は、麻で編んだ白い喪服を用いるのがルールです。そのため葬式を、〈白事〉と呼び慣わしています（それに対して結婚式などのめでたい色は赤であり、〈紅事〉と呼びます、注6所掲『北京風俗図譜』参照）。

図7-4　紙銭や冥器を焼いて死者の魂を送る
（出典）『北京風俗図譜』東北大学附属図書館所蔵

　薬効甲斐なく息を引き取った死者は、ベッドで身体を清められ、死に装束に着替えます。葬儀屋を呼んで、葬式の準備を調えます。また〈陰陽生〉という占い人に頼んで、出棺、埋葬までの縁起のよい日取りを定めます。埋葬がすむまで、遺体の傍で火を灯し、〈紙銭〉という作り物の紙幣を燃やして、死者の冥途での小遣い銭を贈ります。喪服を身につけた人々は、遺体を乗せたベッドの横で、葬式までのあいだ、遺体と寝食をともにしたり、親戚知人の弔問を受けたりして過ごします[21]。

　死者を納棺してから、一定の期間、自宅に安置し、僧侶を呼んで読経します。7日ごとに回向を営む習慣〈理七〉は、日本とも共通すると言えるでしょう。死後3日目におこなう法事を〈接三〉と言い、日暮れになれば紙銭や冥器を焼いて死者の魂を送る、〈送三〉を行います。楽隊が呼ばれ、夜更けまで読経と音楽の演奏が続き、盛大に死者を弔います。

20　注2所掲羅書を参照。

21　台湾の映画『父の初七日』（王育麟監督、2012）は、彰化県で現代に受け継がれた葬儀の模様が描かれます。大声で泣きながら死を悼む「哭」をおこなう女性が登場するなど、伝統的な葬式が、ほぼ忠実に継承されています。台湾における葬儀の模様は、人気ドラマ『花甲男孩転大人』（瞿友寧監督、2017）にも登場します。主人公の老婆の死をめぐる家庭物語です。

北京生まれの作家・**老舎**（ろうしゃ）(1899-1966)の小説「**牛天賜伝**（ぎゅうてんし）」には、捨て子だった天賜を育ててくれた、養母の葬儀が描かれています。富裕層の葬儀が、言わば乱痴気騒ぎ（らんちき）のように派手なものであったこと、近親者が白の喪服に身を包んでいたことなどがうかがわれます。

> 葬式の行列は豪華をきわめ、四十八人担ぎの大霊柩（ひつぎ）を中心に、二組の太鼓隊と一組の笛喇叭隊（らっぱ）が先頭に立って賑やかに葬儀囃子（ばやし）を奏し、つづいて坊さんが十三人、彩色鮮やかなハリボテ人形や車、馬、轎（かご）、金山、銀山、それに幾対かの輓聯（ワンリエン）〔死者を悼む対句〕など、さらに霊柩の後には白布の飾りを垂れた葬儀馬車十数輌を連ねて親戚朋友の奥さま連がつづき、葬儀の行列は延々と長蛇の陣を作って大街（ターチェ）〔大通り〕を行進し、道みち紙銭を空高く投げ上げて撒布（さんぷ）した。[22]

やがて葬列が墓地に到着すると、あらかじめ掘られた墓穴に棺が下ろされ、埋葬が完了します。

現代葬式模様

現在、都市部における葬儀は火葬が普及しています。「**殯儀館**（ひんぎかん）」という、公営の葬儀場兼火葬場で取り行われることが主流になっています。[23]

ただし、歴史的に見ればこうした新式の葬儀が広まったのは、それほど遠い昔ではありません。もともと〈清〉(1644-1912)の時代には、特別な事情がない限り、土葬と定められており、火葬その他の葬儀は禁じられていました。中華人民共和国成立後、改革を押し進め、火葬が推進されました。

22　「牛天賜物語」（竹中伸訳、『老舎小説全集』第 4 巻、学習研究社、1982)。

23　現在では全国に約 1200 ヶ所の火葬場があるとされています。ただし、周辺の農村部においては、土葬が今なお生き残っており（森茂『世界の葬送・墓地──法とその背景』法律文化社、2009)、中国全体で見れば、2005 年における火葬率はおよそ 2 分の 1 程度です（松濤弘道監修『世界の葬送──125 の国に見る死者のおくり方』イカロス出版、2009)。

火葬は、「身体髪膚、これを父母に受く」といった伝統的な身体観、〈孝〉の観念から忌避感が強いものでしたが、政治の力により強引に普及したものと言えるでしょう。しかし、文革終結後の 1980 年代に至り、改革開放政策が導入されると、押さえ込まれていた伝統的な葬儀への回帰が始まります。全国的に火葬率が再び低下する、という現象が見られるようになりました。[24]

1990 年代以降の葬儀は、さらに近代的なものに変容を遂げています。遺灰を納骨堂に収める人も多い一方、個人購入の墓も、急速な経済発展に伴って、次第に贅沢なものになってきました。墓地の価格が高騰し、高級電化製品などが霊前に供えられ、散財こそ供養だとばかり、セレブな葬式に熱を入れる人々も、一部にはいるようです。前述の映画『狙った恋の落とし方。』では、父の遺骨を納骨堂に置きっ放しにしていることを見合い相手に指摘され、墓地を売りつけられるシーンがあります。さらに、遺灰の散骨や樹木葬などを望む人も増えてきています。葬儀事情は、社会の成熟に伴って、多様化が進んでいます。[25]

墓参り

最後に、冠婚葬祭の「祭」、すなわち祖先の祭祀について紹介することにしましょう。

『礼記』の中で祭祀について述べた篇の 1 つ、「郊特牲」には、祖先を祭ることは万物の根源である天地を祭ることと等しい、重要なものである、という思想が記されています。[26]ここでは、現代社会にも引き継がれる墓参りについて取り上げます。

24　田村和彦「葬儀と国家 ── 近現代中国における人びとの葬儀」（『変容する死の文化 ── 現代東アジアの葬送と墓制』東京大学出版会、2014）。

25　棺桶用の木材採取による森林伐採も問題です。樋泉克夫『「死体」が語る中国文化』（新潮選書、2008）参照。

26　古代中国の祭祀を含む冠婚葬祭の概説としては、諸橋轍次『支那の家族制』（大修館書店、1940）がお勧めです。

冬至から数えて 105 日目の節句が、〈**清明節**〉です。[27] 新暦で言えば 4 月初句に当たるこの日、中国では墓参りの習慣があります。清の時代、子どもは柳の枝を折って髪に挿し、貴族の家では、5 色の紙銭で幡や蓋を造って墓前に供え、祭祀が終わると墓門の外で焼いたとされます。

　清明節は、古来、〈**寒食**〉と呼ばれる行事とセットで行われてきました。寒食とは、一定の期間、火気を避けて、冷たいものを食べることです。その由来は、〈**介子推伝説**〉として名高いものです。

　〈**春秋時代**〉（前 770- 前 403）、晋の文公の亡命に追従した介子推は、放浪中の文公に対し、献身的に忠誠を尽くしました。ところが帰国した文公は、介子推に褒賞を与えませんでした。そのため介子推は、母を連れて山に隠棲してしまいます。後悔した文公が介子推を呼び戻すため、山に火を放ったところ、介子推は樹木を抱いたまま、焼死してしまいました。文公は介子推の死を悲しみ、その日を命日と定めて火を絶った、というものです。

　この伝説は、雨乞いの信仰と混じり合い、その後も広く伝播していきました。[28] 清明節は、この寒食の最終日に当たります。

　また、〈**唐代**〉（618-907）に至り、この清明節に墓参が行われるようになりました。〈**中唐**〉（768-835）の詩人、**白居易**（772-846）は、次のような詩を詠んでいます。

風光烟花清明日	風光　烟花　清明の日
歌哭悲懽城市間	歌哭　悲懽　城市の間
何事不随東洛水	何事ぞ随わざる東洛水
誰家又葬北邙山	誰家ぞ又北邙山に葬らる
中橋車馬長無已	中橋に車馬は長く已む無く
下渡舟船亦不閑	下渡の舟船も亦た閑ならず

　27　敦崇『北京年中行事』（岩波文庫、1941）、及び注 6 所掲『北京通俗図譜』を参照。
　28　中村喬『中国の年中行事』（平凡社選書、1988）は、中国の伝統行事を資料に基づいて丹念に調査した、古典的名著です。

塚墓累累人擾擾　　塚墓は累累として人擾擾

遼東悵望鶴飛還　　遼東に鶴の飛び還るを悵望す

　寒食が終わると、家々のかまどに炊事の煙がたなびくようになります。歌声や鳴き声、悲喜こもごもの暮らしが街に戻ってきます。しかし、すべてのものは「洛水」とともに東に流れてゆき、〈洛陽〉（河南省）の北に位置するこの「北邙山」に、また誰かが葬られることになるのです。末尾の二句は、清明節に墓参りをする人々でごった返しているさまを描写したものです（「清明の日に老君閣に登りて洛城を望み、韓道士に贈る」、岡村繁『白氏文集』十一、明治書院、2015）。

　時代は下って、〈北宋〉（960-1127）の首都〈汴京〉（現在の河南省開封）の様子を描いた都市繁盛記、孟元老『**東京夢華録**』（入矢義高・梅原郁訳注 平凡社東洋文庫、1996）は、墓参りの賑わいを次のように描いています。

　　　四方の郊外は市場のように賑やかになり、花の咲いた木の下や、
　　　別荘の庭園のなかでは、杯盤をならべて、酒杯のやりとりが始まり、
　　　都の歌姫や舞姫はどこの庭園や亭にもたくさんつめかけ、日暮れに
　　　なるまで帰らない。

　墓参のお供え物を持って、そのまま〈**出游**〉（ピクニック）に出かける習慣が盛んになっていたものと見られます。開放感に満ちたこの行事を、人々が満喫したことがわかります。

　このように見てくると、近代化によって消えてしまった行事や信仰もある反面、人々の暮らしや思考の中に根強く残っている習慣もたくさんあることがわかります。私たちの心は、近代的な合理主義だけでは本当に安まることがないと言えるのかもしれません。

読んでみよう・調べてみよう！

1 日本と中国における結婚年齢の違いについて、それぞれどのような特徴があるのか、さまざまな角度から話し合ってみよう

2 中国人の結婚難の現状について、新聞等の報道を調べてみよう

3 「一人っ子政策」の転換は、急速な高齢化という社会問題を解決する切り札になるか、話し合ってみよう

第8章

学ぶ

可能性をひらく

現代中国の科挙制度「高考」

「あの時のことは、思い出したくない」。

これは、中国の大学入試をくぐり抜けた、ある受験生の感想です。中国の大学入試は苛烈を極めます。中国の大学は9月始まりのため、試験は毎年6月に開催されます。統一試験であることから、日本の大学入試センター試験ともよく比べられるこの試験は、正式名を「全国普通高等学校招生全国統一考試」といい、〈高考〉と略称されます。[1] ここでいう「高等学校」は日本の大学にあたるもので、中国の高校は〈高級中学〉といいます。

日本と異なるのは、大学ごとの2次試験が無く、この試験のみで合否が決まる点です。そのほか、人びとの都市間の移動を制限するために、大学の定員が地域ごとに定められています。また、〈少数民族〉の場合は試験の得点が加点されますが、これは優遇政策の一環です。

「高考」は、その後の成功が大きく左右されることや、合格が難しいことなどから、「現代の科挙」などとも言われます。そのトップ合格者も、やはり科挙の首席合格者になぞらえて、〈状元〉と呼ばれます。

〈科挙〉は〈隋〉（581-618）の時代に始まり、1300年以上にわたって続

1　「高考」の実情については、何建明著、何暁毅・梁蕾訳『登竜門の夢』（白帝社、2003）に詳しく紹介されています。また、制度に関する専門的な研究に、大塚豊『中国大学入試研究 —— 変貌する国家の人材選抜』（東信堂、2007）があります。

2　科挙については、宮崎市定『科挙』（中公新書、1963）や、村上哲見『科挙の話 —— 試験制度と文人官僚』（講談社現代新書、1980）をお勧めします。より専門的に知りたい人は、何炳棣著、寺田隆信ほか訳『科挙と近世中国社会 —— 立身出世の階梯』（平凡社、

けられた、官吏登用試験です[2]。「科挙」とは、「科目（試験）により人材を選び挙げること」を意味します。試験の内容は、〈漢代〉（前206-220）以降に定まった、〈儒教〉の経典、いわゆる〈四書五経〉の内容を深く理解しているかどうかを問うものが中心です。合格するのが大変難しく、何十年も受験を続けることも珍しくありませんでした。

科挙を批判的に描いた小説に、〈清代〉（1644-1912）の**呉敬梓**『**儒林外史**』があります[3]。その中の范進という男は、20歳の時に試験を受け始めますが、10回以上も不合格となり、54歳でようやく地方試験に合格します。しかし、合格の知らせを聞くや、衝撃のあまり気がふれてしまいます。

人生を左右する科挙という難関を「くぐり抜ける」ために払われてきた努力は、並大抵ではありません。正攻法はもちろん、試験官に賄賂を送る、下着をカンニングペーパーにして着込むなど、さまざまな手法が用いられました。かたや現代の「高考」においても、カメラ内蔵のペンや、米粒サイズのイヤホンなど、ハイテク機器を駆使したカンニングが横行し、問題となっています。色々な意味で、「試験文化」はいまなお健在だと言えるでしょう。では、その背景には、どのような事情があるのでしょうか。この章では、中国の人々の学びの在り方を取り上げます。

学びの機会を平等に──女子教育の勃興

まずは、「学び」をめぐる近代以降の大きな変化について、ふたつ取り上げたいと思います。そのひとつは、〈**女子教育**〉の本格化です。

近代以前の中国では、「男子徳あれば才、女子才無ければ徳」などと言われ、女性への教育は一部の上層階級の家庭に限られていました。女子教育が本格化するのは、科挙が1905年に廃止されてからのことです。廃止の理由は、西洋式の〈**学堂**〉（学校）を普及させ、優れた人材を育成するためでした。

それ以前にも、中国では、西洋の制度や学問を取り入れる動きがあり

1993）もご覧ください。
   3   邦訳に稲田孝訳『儒林外史』（中国古典文学大系43、平凡社、1968）があります。

ました。大きなものに、〈**アヘン戦争**〉（1840-42）など西欧諸国との戦争を機に提唱された、〈**洋務運動**〉があります。これは、中国の伝統的な儒教を中心とする学問や制度を本体として、西洋の知識を取り入れ活用すること、つまり〈**中体西用**〉をモットーとした国力増強運動でした。30 年あまり続きましたが、〈**日清戦争**〉（1894-95）での敗北によって頓挫_{とんざ}します。

　それを承けて、**康有為**（こうゆうい）（1858-1927）や**梁啓超**（りょうけいちょう）（1873-1929）が、政治制度の抜本的な見直しを提案した、〈**変法自強運動**〉が興ります。この運動では、「立憲」を訴える一方で、学問を興すことの必要性が強調され、外国の学問の紹介や日本への留学が推進されました[4]。しかし、**西太后**（せいたいこう）（1835-1908）ら保守派勢力によって弾圧されました。

　このように、大きな波が幾度か押し寄せるなかで、日本をモデルとした近代教育制度が導入されます[5]。女子教育も始まり、日本に留学する女学生も徐々に増えます[6]。しかし、高等教育への門戸が女性に対して本格的に開かれるのは、1919 年の〈**五四運動**〉の時期に至ってからです。

　五四運動は、第一次世界大戦後に日本が提示した〈**対華二十一ヵ条要求**〉に対して、〈**北京**〉の学生が反発したデモを指し、この前後から1920 年代中頃にかけての動きは、〈**五四新文化運動**〉などとも称されます。西洋近代思想を取り入れた大きな変革期であり、中国近代史の転換点ともされています。

　1920 年代以降、中国ではアメリカ式の教育制度が導入され、高等教

4　近代における中国人の日本留学について通史的にまとめた本に、さねとうけいしゅう『中国人日本留学史』（増補版、くろしお出版、1981）、厳安生『日本留学精神史』（岩波書店、1991）があります。また、『ドラゴン解剖学・竜の子孫の巻　中華文化スター列伝』（関西学院大学出版会、2016）第 4 章「海を渡り日本をめざす —— 魯迅と留学生たち」もあわせてご覧ください。

5　近代中国の教育制度と日本との関わりについては、阿部洋『中国の近代教育と明治日本』（福村出版、1990）で詳しく取り上げられています。

6　近代中国における女性解放と女子教育を論じた本に、夏暁虹著・清水賢一郎・星野幸代訳『纏足をほどいた女たち』（藤井省三監修、朝日選書、1998）があります。また、中国の女性史について詳しく調べたい人は、ジェンダー秩序の変遷を通史的にまとめた、小浜正子ほか編『中国ジェンダー史研究入門』（京都大学学術出版会、2018）が有用です。

育が重視されました。新たな思潮のもとで、女学生たちは、学問の自由を獲得し、さらに恋愛や結婚をみずから選択できるようになります。しかし、選択の自由はときに苦しみを伴うものでした。**魯迅**（ろじん）（1881-1936）はその唯一の恋愛小説とされる「**傷逝**（しょうせい）」（1925）で、自由恋愛を選んで家を出た女性が、恋人に捨てられて死を遂げるまでを描いています[7]。

近代的な自由恋愛と伝統的な家族制度のあいだで揺れ動く女性を描いた傑作短編として、**張愛玲**（1920-95）「**中国が愛を知ったころ**」（1952）[8]も挙げておきましょう。

図 8-1　張愛玲著、濱田麻矢訳『中国が愛を知ったころ』

題名のとおり、「自由恋愛」ができるようになった、〈**中華民国**〉期（1912-49）の中国が舞台となっています。その結末は、中国社会ならではの「**団円**（だんえん）」であり、現代日本に生きるわたしたちには、独特の余韻を残す一篇です。

文字をすべての人びとに──識字運動と言語改革

ここでは、女子教育のほかにもうひとつ、近代における「学び」をめぐる大きな動向として、〈**識字運動**〉について取り上げましょう。

科挙がおこなわれていた時代、文字の読み書きができるのは、そのほとんどが科挙の受験を志す人々でした。これは、科挙が役人を選出するための試験であり、そのための教育を受けられるのが一部の人々に限られていたことによります。したがって、近代化のために知識人が民衆を啓蒙するには、文字が読めるようにする必要がありました。そこで進め

7　藤井省三訳『酒楼にて／非攻』（光文社古典新訳文庫、2010）に、「愛と死──涓生の手記」というタイトルで邦訳が収められています。

8　濱田麻矢訳『中国が愛を知ったころ──張愛玲短篇選』（岩波書店、2017）に収められています。

られたのが言葉と文字の改革です。

　清朝末期の中国では、日本の〈言文一致運動〉の影響のもと、〈士大夫〉がそれまで用いてきた古典文章語の〈文言〉ではなく、口語体の〈白話〉（「白」は「話す」の意）で書くべきだ、とする主張が現れました。この流れは、後に胡適（1891-1962）が、留学先のアメリカから論説文「文学改良芻議」（1917）を投稿し、白話を主とする文学を提唱したのをきっかけとして、〈白話文運動〉へと大きく発展します。

　また、1920年代には〈平民教育運動〉が推進され、識字教育に重点が置かれました。これは民間の活動であり、公教育がその役割を担わなかったのは、初等教育制度の遅れが背景にあったとされます。[9]

　やがて1930年代になると、〈大衆語論争〉が起きました。魯迅は「門外文談」（1934）という一文のなかで、「文字を大衆に渡せ」と主張し、漢字の廃止とローマ字の導入を訴えました。[10] 結局、中国人はその後も漢字を捨てるには至りませんでしたが、これらの論争は、1949年の〈中華人民共和国〉建国後、1956年の〈簡体字〉制定へとつながります。[11]

　建国後、識字運動と言語改革によって、識字率はたしかに上がりました。しかし、識字教育は、中国社会においては長らく課題でした。陳凱歌監督の映画『子供たちの王様』（1987）は、〈プロレタリア文化大

図8-2　映画『子どもたちの王様』DVD
（紀伊国屋書店、2004）

9　近代以降の中国の教育制度と社会的な不平等との関わりについては、園田茂人・新保敦子『教育は不平等を克服できるか』（叢書 中国的問題群8、岩波書店、2010）が豊富な統計資料をもとに論じています。

10　邦訳に今村与志雄訳（『魯迅全集』第8巻、学習研究社、1984）があります。

11　中国における文字改革の流れを知るには、松岡榮志『漢字・七つの物語 —— 中国の文字改革一〇〇年』（三省堂、2010）が読みやすいでしょう。また、漢字圏の言語政策について広く知りたい人には、村田雄二郎・C.ラマール編『漢字圏の近代 —— ことばと国家』（東京大学出版会、2005）をお勧めします。

革命〉（文革、1966-76）の時期の中国が舞台であり、ある〈知識青年〉が再教育先の農村で、中学校の教員をする話です。紙不足で生徒が教科書を持っておらず、最初は黒板に書いた本文を写させるだけの授業でしたが、やがて主人公は生徒が読めない字を把握するところから、教える方法を工夫してゆきます。

　識字教育は文革期には停滞しますが、1970 年代末に始まる〈**改革開放政策**〉では、大きな識字運動が展開され、2010 年代には、識字率は 9 割に達しました。[12] しかしその一方で、近年では、簡体字に慣れきった世代が、〈**繁体字**〉（旧体字）で書かれた古い時代の文献を読めなくなるといった、皮肉な状況も生まれています。

抑圧と解放——文革の爪痕

　中華人民共和国建国後の教育制度は、それ以前から〈**中国共産党**〉の拠点でおこなわれていた教育の方針を引き継ぐものでした。また、〈**社会主義国家**〉の建設に向けて、それまでのアメリカ式ではなく、ソビエト連邦（ソ連）をモデルとしたカリキュラムが導入されます。

　大学入試「高考」が始まるのも、建国後の 1952 年のことです。しかし、文革が始まると、大学入試は廃止されました。都市部の知識青年たちは、再教育を受けるために、辺境の農村へと〈**下放**〉されました。この〈**上山下郷運動**〉によって、学校での学びの機会は失われます。

　また、**毛沢東**（1893-1976）への個人崇拝が色濃くなったこの時代、毛沢東の思想を宣伝するものを除いて、書物は広く禁止されました。一方、抑圧されたことで、知識や教育への欲求がかえって高まったとも言えます。文革後にフランスに移住した**戴思杰**（1954-）は、文革当時の経験をもとにフランス語で小説を書き、それを原作とした映画『**小さな中国のお針子**』（2002）を撮りました。作中、再教育を受けるためにとある山村へと送られてきた、ふたりの知識青年が、フランスの文豪バルザックの

12　総務庁統計局編『世界の統計 2005』、同『世界の統計 2006』に拠ります。

小説をひそかに手に入れ、それを文盲の少女に読み聞かせます。物語に触れたときの3人の興奮は、話を思わぬ方向へとつき動かします。

　また、女性作家の**張戎**(1952-) による自伝的ノンフィクション『**ワイルド・スワン**』(上下、土屋京子訳、講談社文庫、1998) には、文革期に禁書とされていた、シェークスピアやトルストイなど世界の古典のほか、シャーロック・ホームズシリーズなどが闇市に出回っていた話が見えます。このほか、書物は書き写しの形でこっそり回し読みさ

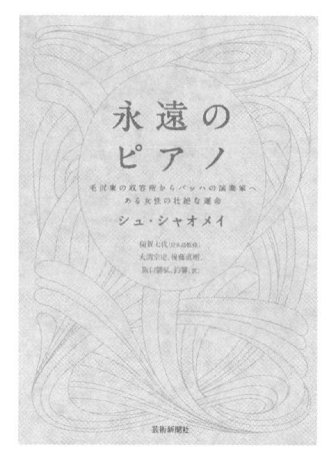

図8-3　シュ・シャオメイ著『永遠のピアノ』

れたりもしました[13]。学校に行きたくても行けなかった人びとは、物語や知識に飢えていたのです。

　この時期には、小説だけでなく、音楽などの芸術も、厳しく制限されました。この時期に青年期を過ごした、フランス在住の女性ピアニスト**朱暁玫**(1949-) は、その半生を自伝に綴りました。北京の中央音楽学院に在学中、仲間や教師が弾圧を受けたことや、再教育先でボロボロのアコーディオンを弾くことで、音楽への気持ちを取り戻したことを、生々しく語っています[14]。

　文革終了後の1977年、10年間の隔絶を経て、ようやく統一試験が再開されました。映画『**高考1977**』(江海洋監督、2000) には、それを心待ちにしていた知識青年たちの、抑えがたい興奮が描かれています。

都市と農村——立ちはだかる戸籍の壁

前節で、文革期に農村へと下放された知識青年の話をしました。そも

13　岩佐昌暲『文革期の文学』(花書院、2004) を参照しています。
14　シュ・シャオメイ著、植賀七代監修、大湾宗定ほか訳『永遠のピアノ —— 毛沢東の収容所からバッハの演奏家へ　ある女性の壮絶な運命』(芸術新聞社、2015)。

そも中国では、「農村」は、単なる「田舎」を意味するわけではありません。農村と都市は、戸籍によって隔てられてきたのです[15]。

戸籍の区別は、1958年の「戸籍登記条例」によって、個人の意思による戸籍の移し替えが禁止されたことに始まります。その結果、進学や就職、公共サービスなど、さまざまな面における不平等をもたらしました[16]。

教育格差もそのひとつです。自分の戸籍のある地域の学校に就学するという制限があるだけでなく、そもそも農村部では経済

図 8-4　映画『あの子を探して』DVD
(ソニー・ピクチャーズエンタテインメント、2005)

的な理由で学校に行けない子どもも少なくありません。また、慢性的な教師不足も深刻です。張藝謀（チャン・イーモウ）監督の映画『あの子を探して』(1999) は、河北省のとある農村の小学校で代理教師を務めることになった13歳の少女の奮闘を描きます。児童のひとりが病気の親の代わりに街へ出稼ぎに行き、行方知れずになり、それを少女は懸命に捜します。「心温まる話」ではあるのですが、この話がリアリティを持つだけの社会的背景が中国にはあるということを、思わずにはいられません。

この児童の親がそうであるように、農村部の貧しい人々の多くが、都市へと出稼ぎに行っています。彼らのような出稼ぎ労働者は、〈**農民工**〉と呼ばれます。共働きのことも多く、その場合は子どもと一緒に都市へと移住しますが、戸籍は農村のままです。都市で初等教育を受けるには、多額の学校選択費を支払わなくてはなりません。農民工の子女のための

15　都市戸籍と農村戸籍の格差については、阿古智子『貧者を喰らう国——中国格差社会からの警告』(増補新版、新潮選書、2014) が詳しく取り上げています。

16　とくに改革開放以降に形成されてきた中国社会における不平等については、園田茂人『不平等国家 中国——自己否定した社会主義のゆくえ』(中公新書、2008) をご覧ください。

教育専門機関もありますが、教育の質は低いとされます[17]。

　農村の若者にとって、戸籍の壁を超えて、生活状況を打開するための手段は、大きくはふたつあります。高等教育機関への進学か、都市部での就職です。この点からも、「高考」は厳しい関門だと言えるでしょう。

　いま、中国では戸籍制度の改革が進められつつありますが、それによって格差が解消されるのかどうかが注目されます。

大学に入ってから──授業と課外活動

　中国の高校生は、「高考」の準備のために勉強漬けの毎日を送ります。クラブ活動のようなものはありません。3 年間ぶんの内容を 2 年間で習得するようカリキュラムが組まれ、残りの 1 年間は試験対策に集中します。そんな過酷な競争を経て、若者たちはどのような大学生活を送るのでしょうか。日本と違うところを、少し覗いてみましょう。

　中国と日本の大学を比べたとき、まず驚かされるのは、キャンパスの広さです。端から端まで歩いて移動するのに 20〜30 分かかることも珍しくありません。中には、湖北省武漢市にある華中科技大学のように、キャンパス自体がひとつの街であるかのような、大規模な大学もあります。学生と教師だけでも合わせて約 6 万人、食堂はなんと 35 個もあります（2015 年 4 月時点）。大学構内には郵便局、スーパー、病院など、暮らしに必要な施設が揃っています。中には、幼稚園から大学までを過ごし、さらには卒業後も大学に勤務して、構内に留まり続ける人もいるそうです。ちなみに、大学生の多くは基本的に寮で生活します。4〜8 人部屋で、プライベートな空間はありません。

　大学に入ると、新入生には男女ともに、一定期間の「軍事訓練」が課されます。これは法律で定められているものです。ただし、韓国の兵役のように実践的なものではなく、団体精神や規律を学ぶためのものです。

　また、授業科目の特徴としては、〈**毛沢東理論**〉や〈**マルクス主義**〉といっ

17　農民工の実態に迫ったルポルタージュに、山田泰司『3 億人の中国農民工── 食いつめものブルース』（日系 BP 社、2017）があります。

た、政治理論が必修であることが挙げられます。これは、いまの中国が建国されてから、つまり共産党政権が樹立されてからカリキュラムに加わりました。

　授業時間外の活動では、日本の大学生のように、アルバイトに勤しむ（いそ）学生はあまりいません。ただし、学力の高い学生は、家庭教師をする人が多いようです[18]。サークル活動に類するものもあるにはありますが、それだけに集中するような過ごし方をする人は、やはりあまりいないようです。かりに小さい頃から習い事をしてきたとしても、高校で中断せざるを得ないことが理由としては大きいでしょう。スポーツや芸術で才能を開花させた人は、専門の大学を選びます。

　そもそも、小さい頃からの習い事にも偏り（かたよ）があります。それは、高い技能を持っていると、「高考」での加点が認められることと関係しています。どういうものに加点を認めるかは、地域によっても差がありますが、スポーツのほか、数学や物理といった理科系科目のオリンピックなどが人気のようです。こんなところにも、「高考」の影響が垣間見えます。

1980 年代以降の留学ブーム

　1990 年代後半以降、大学入学枠が拡大し、高等教育が徐々に大衆化していきました。大学進学率が向上した結果、卒業後も非正規雇用に悩む若者たちが大量に現れました。彼らは、家賃を浮かせるため、狭い部屋に集団で住むことから、〈蟻族〉（イーズー）と呼ばれます[19]。

　これは経済的に余裕のある人たちに限られますが、こうした国内ではいかんともしがたい閉塞的な状況を打開する手段が、留学です。

　なかでも留学先として一番人気なのは、アメリカです。2013 年のヒット映画『**中国合夥人**』（陳可辛監督、American dreams in China）は、「高考」

18　本節は中国大陸の話が中心ですが、現代台湾の若者事情について紹介した本に、水野俊平『台湾の若者を知りたい』（岩波ジュニア新書、2018）があります。学生へのインタビューをたくさん取り上げており、手に取りやすい一冊です。

19　蟻族については、廉思編『蟻族──高学歴ワーキングプアたちの群れ』（関根謙監訳、勉誠出版、2010）が専門的に論じています。

をくぐり抜けて大学の英語学科に入学した 3 人の学生が、紆余曲折を経て、英語学校の共同経営をはじめ、やがてアメリカで成功を収める物語です。1980 年代以降が舞台となっており、当時から続く中国人のアメリカ留学ブームの雰囲気がよくうかがえます。ここしばらく、こうした英語圏への留学を見据えて、TOEFL が人気です。中国語では「託福」と言い、中国人の英語への期待感がうまく表された訳語です。

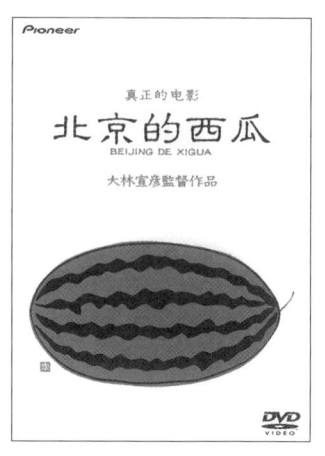

図 8-5　映画『北京的西瓜』DVD　（パイオニア LDC、2001）

　1980 年代といえば、中国では日本文化が紹介され、流行する時期でもあります。1972 年に日本と中国は〈日中共同声明〉を発表し、国交が正常化しました。翌年には中国からの留学生の受け入れも再開します。後の 1983 年に、時の首相中曽根康弘が〈留学生 10 万人計画〉を発表したことで、留学生は増加に拍車がかかりました。大林宣彦監督の映画『北京的西瓜』(1989) は、その当時の中国人留学生と、八百屋の夫婦との心のふれあいを描いています。

　2008 年には〈留学生 30 万人計画〉が新たに打ち出されました。それから 10 年を経たいま、留学生は中国人だけでもおよそ 10 万人に上ります[20]。その中には、留学の動機のひとつに、「キャンパスライフのやり直し」を挙げる人もいます。高校生活を描いた日本のアニメやドラマを観て、日本での学生生活にあこがれる人も多いというわけです。

　一方、当然ながら、「戦略的」な人たちも少なからずいます。「高考」を受けず、日本の大学を直接受験する、という人たちです。これは、地方からは有名大学に行くのが難しいという現状があるためです。東京のとある予備校では、中国人の講師が中国人を相手に、日本の入試対策を

20　日本学生支援機構「平成 29 年度外国人留学生在籍状況調査等について」を参照しています。https://www.jasso.go.jp/about/statistics/intl_student/data2017.html

講じており、難関校の合格者を数多く輩出しています。学生たちは卒業後、日本企業に就職することを念頭に置いています。また企業側も、真面目で優秀な留学生に早くから目を付けているようです[21]。

その背景には、少子化のみならず、日本が世界に先立って迎える、未曽有の「人口減少」もあるでしょう。中国人の日本留学は、日中両国のさまざまな思惑のもと、新たな状況を迎えつつあります。

日本を知る、中国を知る

中国の人びとの日本文化に対する興味を喚起しているもののひとつに、『知日』という雑誌があり、若い世代を中心に反響を呼んでいます（2011年より刊行、不定期刊）。「禅」や「桜」といった伝統文化、「萌」や「推理小説」などのサブカルチャーに止まらず、「暴走族」「断捨離」といった、ユニークなテーマも取り扱っています。カラー刷りで版面も凝っており、ページをめくるのが楽しい雑誌です。「反日」ではなく、「知日」。個人の関係についても言えることですが、共感するもしないも、まずは相手を知るところから、というわけです。わたしたち日本人もまた、かくあるべきではないでしょうか[22]。

ここ数年、日本への留学生だけでなく、「インバウンド」や「爆買い」、といった言葉が流行したように、来日する中国人といえば、経済効果をもたらしてくれる観光客に目が向きがちです。しかし、受け身でいるだけでは見えてこない部分が、中国にはたくさんあります。こちらから積極的に中国へと渡り、現地で見聞を広めようという気概を、忘れないでいたいものです。そのことは、中国ひいては日本に対する多くの気づきをもたらしてくれるでしょう。

---

21 中島恵『中国人エリートは日本をめざす —— なぜ東大は中国人だらけなのか？』（中公新書ラクレ、2016）では、近年の中国人留学生の増加について、「爆買い」の次は「爆留学」「爆就職」だと指摘しています。

22 日本にも、安田峰俊『知中論 —— 理不尽な国の7つの論理』（星海社新書、2014）があります。表面的にはうかがい知ることのできないような中国人の物の考え方について、歴史的な経緯を踏まえて論じています。

　もちろん「学び」は、読書に限るものではありません。本書でテーマとして挙げられている、中国人のさまざまな生活や思考様式が、みなさんの学びのきっかけとなればと思います。

 読んでみよう・調べてみよう！

1 日本と中国の大学や学生生活の違いについて、身近な中国人に
インタビューしてみよう

2 中国で文字の簡略化の代償として人々が古い文献が読めなく
なっていることについて、韓国におけるハングルの事例と比べ
てみよう。また、日本の常用漢字の減少についてもあわせて考
えてみよう

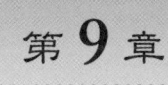

第9章
働く

労働者はつらいよ

　多くの人は、ある年齢層に達すると、働くことになります。もちろん、何らかの理由で働いていない（働けない）人もいます。しかし、賃金が発生するかどうか、在宅勤務かオフィス勤務かあるいは現場かなど、形態は無数にありながらも、われわれの多くは、「働く」という行為を日々おこなっているのです。

　この章では、中国において、人々はどのように働いているのかを見ていきます。取り扱うのは都市における労働です。中国の労働人口のおよそ半分を占めるといわれる農民に触れられないのは残念ですが、別の機会に譲ることにします。

　またこの章では、基本的に〈中華人民共和国〉（大陸中国）の状況を扱います。

図9-1　シェアサイクルの回収。新しく生まれた仕事の一つ　（撮影：高橋俊）

大学生の就職——卒業はしたけれど…
　まずは大学生の就職について見ていきます[1]。
　中国では以前、大学生の就職は基本的に国家がすべてを決めていました。〈国家統一分配〉といわれるこの制度は、1980年中盤まではほぼ完

　1　中国の大学生の就職活動については、福島美雪『中国の大学生の就職難に関する研究』（高知大学2016年度修士論文）で詳細に調査・検討されています。

全に機能していました。大学進学率が数パーセントしかなかったことも
あり、大学に入学すれば、「卒業したけれど仕事がない」ということは
ありえませんでした。しかし一方で、決められた就職先に異議を唱える
ことはできませんでした。本人の意に沿わない職業・地域に割り当てら
れても、従わざるをえなかったのです。仕事が保証される代わりに選べ
ない、というのが、当時の大学生の就職事情でした。

しかし、この制度の縛り（しば）は徐々に緩（ゆる）まり、1999 年に国家統一分配は
完全に撤廃されます。これにより、大学生は「自由」に仕事を探すこと
ができるようになりました。ただ「自由」を得た反面、仕事を得られる
かどうかは「自分の力」にかかるようになり、卒業しても仕事がない、
という可能性も出てきました。

しかも 1990 年代後半から、中国では大学が急激に増え、大学生数も
増加しました。70 年代ぐらいまでは、大学生といえば全国から選りす
ぐられたエリート中のエリートでしたが、現在では都市部に限れば、進
学率は 50% に近づきました。もはや大卒者であるというだけで仕事が
簡単に見つかるような時代ではなくなっています。

現在、中国の大学生は日本の大学生と同じような就職活動をおこなっ
ています。中国の学年暦は 9 月に始まり 6 月に終わりますが、就職活動
は卒業年度の 9 月から始める場合が多いようです。日本では「マイナビ」
「リクナビ」などの就職情報サ
イトに登録してエントリーする
のが一般的ですが、中国でも同
じように、インターネット経由
でエントリーします。欧米では
大学を卒業してから就職活動を
するのが一般的ですが、中国で
は日本のように在学中に就職活
動をする場合がほとんどです。

さて、中国では近年、大学が

図 9-2　キャンパスには「卒業生の就職先」
が誇らしげに掲示されています
（撮影：高橋俊）

学生に対し、「就職できなければ卒業させない」という要求を出すことが問題となっています。中国ではこれを、「被就職」（就職させられる）といいます。なんとも理不尽な要求ですが、大学としては、国や地方政府から与えられた「学生の就職率」のノルマを達成しなければならない、という事情があるのです。中国の大学はほとんどが国立か省立。ノルマを達成しないと、予算を減らされてしまいます。そこで学生の就職率の数字を上げるため、学生に対しこのような要求を突き付けるのです。

図 9-3　「人才市場」（職業紹介所）で熱心に求人票を見つめる人々
（撮影：福島美雪）

　また、地方から都市部の大学に進学した学生は、後述する〈戸籍制度〉により、卒業時に都市部で就職が決まっていないと、地元に戻らなくてはならない、という決まりもあります。都市と地方では、給料に大きな差があるため、学生は何としても都市部で就職しようとします。

　これらの理由で、学生はとにかくどこでもいいから就職しなければならない、ゆえに「自分のやりたいことをじっくり考える」などという悠長なことをしている余裕はない、という状況におかれます。そのため、中国の若者の離職率はとても高いのです。日本では「大学を卒業して就職しても、3年で3割が辞める」といわれていますが、中国では「半年で3割が辞め、3年で2回転職する」という状況です。

　卒業までに就職できなかった、あるいはいったんは勤めたもののすぐに辞めた若者たちは、改めて就職活動をしなければなりません。こうした若者たちが、北京などの大都市郊外の安いアパートを共同で借りて、アルバイトをしつつ就職活動をおこなうという姿が、**廉思編『蟻族——高学歴ワーキングプアたちの群れ』**（関根謙監訳、勉誠出版、2010）で取り

上げられると、〈蟻族〉は一躍、話題のキーワードとなりました。

日本では、大学生が就職活動をする際、スキルや資格はそれほど求められません。「入社してから自社に合うように鍛える」のが、多くの日本企業の方針です。しかし中国では、上記のように企業は即戦力を求めます。そして「社員がすぐに辞める」ことを前提としているため、社員教育にはあまり熱心ではないのです。そのため学生たちは、在学中になんらかの「付加価値」をつけることが求められます。

図9-4　中国のオフィス
（撮影：彭楚茗）

一番手っ取り早い（と考えられている）のが、留学経験。そのため中国の学生は留学にたいへん熱心です。留学先の一番人気はもちろんアメリカ。ついでイギリスやカナダ、オーストラリアなどの英語圏、そしてヨーロッパ各国が続きます。日本も以前は距離的に近いこともあって人気がありましたが、近年では日本経済の低迷によって、人気はやや落ちているようです。

留学を終えたら、以前であればそのまま留学先で就職先を探すことがほとんどでした。しかし近年では〈一人っ子政策〉の影響で、家族が子供に自分たちの近くで働くことを望むため、中国に戻って就職することも多くなりました。以前は中国国内と外国では賃金に大きな差があり、是が非でも外国にとどまりたい（とどまらせたい）、と学生も家族も思っていました。それが現在では、中国の経済発展により、「無理に外国で生活しなくても」と考える人が増えてきたのです。

しかし、もはや留学経験も珍しいものではなくなりました。外国の大学であっても学部を卒業しただけではダメで、修士、さらには博士と、

必要とされる学歴がどんどん上がってきています。

　いかがでしょう？　日本よりもずっと厳しい就職活動が行われている、と感じる方が多いのではないでしょうか。もちろん、一概にどちらが楽だと決められるものではないでしょうが、就職に関して、中国の大学生は相当なサバイバルを経なくてはならない状況にあるようです。

ホワイトカラー──気楽な稼業？

　念願かなって就職したら、中国人はどういうふうに働くのでしょうか。次はいわゆる「ホワイトカラー」（中国語で「白領階級」）の働き方を見てみましょう。

　中国人の働き方で（ホワイトカラーに限らず）かならずいわれるのが、「マジメに働かない」ということです。勤務時間中でもすぐどこかにいなくなったり、パソコンに向かって仕事をしているかと思えば、ゲームをしていたり。そして終業時間きっかりに退社。なのに、「給料を上げろ」とか「職場にエアコンをつけろ」とかの要求はしっかりしてくる。かと思えばすぐに会社を辞め、少しでも条件のいいところにさっさと移っていく。ベストセラーになった**谷崎光『中国てなもんや商会』**（文春文庫、1999。原著は1996）が広げた、このような中国人労働者像は、今ではすっかり定着しています。

　実際、中国人の離職率は、日本人とは比べものにならないほど高いのです。前述の「（大学を卒業して就職後）半年で3割が辞める」という数字が示すように、今より条件が少しでもいい会社があれば、そこに移ることになんのためらいもありません。

　これには、いい面と悪い面があるでしょう。いい面としては、「ブラック企業やサービス残業などはほとんど存在しない」ということ。労働条件の悪い会社で働き続けるなど、中国人にとってはあり得ないことです。中国人が日本の「ブラック企業」や「過労死」などのニュースを見ると、「なぜ辞めないんだ？」と、みな不思議に思うのです。そもそも中国人にとって、仕事はあくまでも生活の糧を得るための手段。「仕事に全身全霊を

注ぐ」ような、日本でいまだに奨励される生き方は、ありえないといっていいでしょう。

悪い面としては、技術やスキルを身につけにくいこと。社員教育をしてもすぐに辞めてしまうので、会社側は、「従業員は使い捨て」という意識を持ちがちです。日本の経営者がよくいう、「社員を家族と思って大事にする」ということは、中国ではあまりありません。

中国では「共稼ぎ」が一般的なのも、特筆すべき点でしょう。経済発展とともに、都市部では徐々に専業主婦も増えてきているようですが、長らく女性が働くのが当たり前の社会状況でした。

これにはさまざまな要因があります。〈中国共産党〉の方針で「男女平等」が推し進められた、という理由がまず挙げられます。また以前は給料が安く、夫婦どちらか片方の給料で暮らしていくのは難しかった、あるいは会社をすぐ辞めるのが一般的なため、夫婦どちらかだけの給料で暮らすのはリスクが高い、などの理由もあります。さらに祖父母が孫の育児をするのがごくふつうであり、女性（母親）が外に出て働きやすい、というのも理由に挙げられるでしょう。

さて、近年の中国は、経済発展を背景に賃金が上昇の一途をたどっていますが、それとともに仕事のプレッシャーはどんどん強くなってきています。実力主義が徹底しているので、業績が挙げられなければすぐクビ、というのも珍しいことではありません。以前はあり得なかった残業（「加班」）もふつうに行われるようになり、昔のように「終業時間の30分前には片付けを始め、終業時間ぴったりに帰る」ということもままならなくなってきています。そういう意味では、働き方においては中国の「日本化」が進んできているのかもしれません。

農民工──発展の裏側

中国の街を歩くと、建築現場で泥だらけ・汗だくになって働いている作業員を、いたるところで見かけます。最近の中国は好景気からの建築ブーム。あちらこちらで工事が行われており、大量の労働者がそこで働

いています。

　彼らの多くは農村部から出稼ぎに来た労働者で、中国では〈**農民工**〉と呼ばれています。

　中国には〈**戸籍制度**〉[2]があり、農村に戸籍がある人が都会に移り住むことは、進学など限られた機会を除けば、基本的にはできません。しかし建設現場などでの作業においては、農村出身者も、特別に都市で働くことができます。農民工は、中国の都市建設にはなくてはならない存在なのです。

　しかし彼らの労働環境は厳しく、低賃金な上に給料の未払いなども少なくありません。戸籍がないために、医療などの社会サービスを受けられない場合も多く、労働者が現場でケガをし、障害が残っても、雇い主が少しの見舞金を払って解雇、というケースは跡を絶ちません。

図 9-5　道路工事の作業員
(撮影：高橋俊)

　また、子供は田舎に残して、親が 1 人、もしくは夫婦で都市に出てくる場合が多いのですが（子供の面倒は祖父母が見る）、都市に呼び寄せて一緒に住もうとしても、都市戸籍がない子供たちは公教育を受けることができない場合も多いのです。そのため都市で生まれ育った子供と比べ、大きなハンディを背負うことになってしまいます。

　同じ街で働いていても、ホワイトカラーと農民工は、生活の上で交わることはほとんどありません。ホワイトカラーには、「農民工は努力をしないからあんな仕事をしているのだ」などという人も、残念ながら多いのです。

　都市部の急速な発展とそこで暮らす人々の豊かな生活は、農民工の犠

　2　中国の戸籍制度・教育制度に関しては、新保敦子・阿古智子『超大国・中国のゆくえ 5　勃興する「民」』（東京大学出版会、2016）で詳細に説明されています。

牲の上に成り立っている、ともいえるのです。しかし近年では、彼らにも人権意識が芽生えてきており、自らの権利をしっかりと主張する者、そしてそれを支援する都市部の人々も増えてきました。中国が今後さらなる発展をとげられるかは、農民工の生活水準を上げられるかどうかにかかっているといっても、過言ではないでしょう。農民工については、**廖亦武『中国底層訪談録──「インタビュー」どん底の世界』**（劉燕子訳、集広舎、2008）が実態を伝えるインタビュー集。**山田泰司『食いつめものブルース── 3億人の中国農民工』**（日経BP社、2017）は、おもに上海の農民工を追ったノンフィクションです。

起業家──一国一城の主

「中国人は他人にあれこれ指示されるのが大嫌い」といわれます。自分で事業を興したい、と考える人は、日本人よりもずっと多いのです。

「頭を労する者は人を使い、力を労する者は人に使われる」というのは、中国に昔から伝わる言い回し。職人が自分の技術

図9-6　狭いながらも……一国一城の主？
（撮影：高橋俊）

をひたすら磨いていく姿勢は、日本では無条件に賞賛されますが、中国ではあまり好まれません。職人として働いていても、機会があれば自分で事業を興し、人を雇う立場になりたい、という独立心が、中国社会の原動力になっているのです。

近年では、大学の卒業生に対して十分な職が足りないので、政府が若者の起業を積極的に勧めていることもあり、起業を目指す人々はますます増えています。

現在の中国の大企業は、ゼロから商売を始め、一代で会社を築き上げた人物が、まだ現役でトップに君臨しているケースが多いのです[3]。その

代表的な存在は、**馬雲**（ジャック・マー、1964-）でしょう。彼はもともと英語教師でしたが、創生期のインターネットに魅せられ、妻や友人たち数人でネットショッピングの形態を作り上げます。それが今、中国のネットショップ業界に君臨する「タオバオ」（淘宝）であり、その経営手腕は高く評価されています。現在の若者が目指す起業も多くがネットショッピングであり、そうした若者たちにとって、馬雲は神様のような存在です。馬雲に関しては、**張剛『アリババ帝国』**（永井麻生子ほか訳、東洋経済新報社、2010）等、比較的多くの書籍が出ています。

　台湾企業の「ホンハイ」（鴻海、Foxconn）が 2016 年に日本のシャープを買収しました。創業者の**郭台銘**（テリー・ゴウ、1950-）は、警察官の家に生まれ、小さな町工場から始めて世界有数の企業を作り上げた、台湾における立志伝中の人物です。**安田峰俊『野心──郭台銘伝』**（プレジデント社、2016）は、郭台銘の姿を生き生きと伝える好著です。

　中国企業では「社員はいつも独立の機会をうかがっている」といわれますが、それは「大企業が育たない」ということにもつながります。社員が次々に辞めてしまっては、長期的な経営戦略を立てようがありません。実際、中国企業の弱点はそこだ、と長らくいわれてきました。しかし近年、中国にも上記のような巨大企業が次々に誕生しています。

　雑誌『フォーブス』の 2016 年「世界の企業ベスト 100」において、中国企業は国別で最多の 15 を数えます。ヨーロッパのサッカー、あるいはアメリカの NBA で、スタジアムやユニフォームに漢字を使った中国企業の広告を見るのは、今ではごくふつうになっています。

　今後、われわれの身の回りにも中国企業がどんどん増えていくのでしょうし、われわれが中国企業で働くことも、珍しいことではなくなっていくのでしょう。

　3　中国人起業家の全体像を把握するには、高口康太『現代中国経営者列伝』（星海社新書、2017）がきわめて有用です。

老後——退職はしたけれど

次は、リタイア後のお話。

中国の定年は早く、50代でのリタイアが多いのです。日本では近年、「寂しい老後を送る老人」がよく話題になりますが、中国人の場合、もともと社交好きな人たちです。団地などでのレクリエーション活動も盛んで、おおむね老後を満喫しているようです。中国の住宅地を

図9-7　祖父母が孫の面倒を見るのが当たり前の中国では、おなじみの光景
（撮影：高橋俊）

通ると、みんなが広場でダンスを踊っている場面によく出くわしますし、道端に椅子をおいておしゃべりに興じたり、麻雀やトランプを楽しむ老人たちの姿はおなじみです。朝の公園や広場における集団での太極拳も、中国ならではの光景としてよく取り上げられています。

また、引退後に孫の面倒を見るのも一般的です。共働き家庭がほとんどであるため、乳幼児の時から育児全般を担い、幼稚園や学校に通うようになると送り迎えをおこなうのは、祖父母の役目であることが多いのです。もちろん、孫が可愛いので面倒を見ているのは確かでしょうが、それ以外に、自分たちの老後のため、という理由もあります。介護が必要になってから「面倒」を見てもらえるよう、子供、そして孫をサポートする、という目的を持っているのです[4]。

もちろん、恵まれた老後を送っている人たちばかりではありません。中国のテレビ番組では、年老いた親の面倒を誰が見るか、きょうだい同士で大喧嘩、というネタが定番です。老人ホームなどの施設もまだ整備されておらず、また施設に預けるのは恥ずかしいことであるという考え

4　一人っ子が多数を占める現在の中国の家族状況については、メイ・フォン『中国絶望家族――「一人っ子政策」は中国をどう変えたか』（小谷まさ代訳、草思社、2017）が渾身のルポルタージュです。

が根強いため、かえってこういう争いが起こってしまうのです。

　とはいえ、中国人に、「日本では定年退職の年齢がどんどん引き上げられていて、私のころには70歳ぐらいになっているでしょう」というと、一様に「そんな年齢まで働かなくてはならないなんて、お気の毒」という反応が返ってきます。多くの中国人にとって、仕事はあくまで生活のための手段。退職してからこそが好きなことをできる「真の人生」である、と考える人が多いのです。しかし今後、中国も日本のような〈**超高齢化社会**〉を迎えることになり、老人福祉のあり方も変化が予想されます。「老後を満喫する中国の老人」というイメージも、変わっていくのかもしれません。

昔はよかった──中国人の「働く」とは

　以上、中国人がどのように働いているのかを見てきました。最後に、「昔話」を。

　私が留学していた1990年代までの中国は、仕事は朝8時に始まり、夕方4時に終わり。昼休みはおおむね11時から2時まで。その間に食事をし、昼寝もします。昼休み以降はやる気もなくなっているので、窓口に行くなら午前中といわれていました。しかも、「4時に門を閉めて全員退社」であるため、3時半には片づけを始めるのです。留学中、図書館で調べ物をしていると、閉館時間前にもかかわらず「もう時間だから早く帰れ」と急かす職員がいたものでした。

　仕事ぶりも、お世辞にも真面目とはいえません。百貨店に行くと、店員たちはおしゃべりに興じており、こちらが呼ぶと、面倒くさそうにやってきたかと思うとぶっきらぼうに、「没有（メイヨウ）」（ないよ）と言い残して、また戻っ

図9-8　徐々に消えつつある道端で物を売る風景　（撮影：高橋俊）

ていっておしゃべり、という光景が当たり前でした。

　そして早々に帰宅して、家族みんなでのんびり食事をすると、道端に椅子を出して夕涼みをしつつ、家族や近所の人たちとおしゃべりしたりトランプをしたり、という光景がよく見られたものです。給料は今よりもずっと安かったのですが、人々は自分の時間を満喫できていたのです。

　しかし今は、給料は上がりましたが、仕事のプレッシャーはどんどんきつくなっています。昔はありえなかった残業も、今では当たり前。これには、以前は利益を上げても上げなくてもどちらでもよかった〈国営企業〉が多かったのが、90年代中盤から資本主義システムが一気に浸透して、生産性が重視されるようになった、という事情があるのでしょう。妊娠した女性社員が会社を辞めるよう圧力をかけられたという、女性が働くのが当たり前の中国では考えられないようなニュースも報道されるようになってきました。

　50代以上の人と話すと、口をそろえて「昔はよかった」といいます。昔は貧しかったけど、みんなが平等に貧しかったので、助け合いながら、のんびり暮らしていた。ところが今は誰もがカネの話ばかり。みんな他人より少しでも多く儲けようと目をギラつかせている。仕事のプレッシャーも重くなる一方。昔が懐かしい、と。

　しかし残念ながら、時計の針は戻せません。私が懐かしむようなのんびりした中国は、もう戻ってはこないのでしょう。中国の経済発展の陰には、急速に「先進国化」する、人々の労働があるのです。

読んでみよう・調べてみよう！

1　中国企業の特徴を日本企業との比較で調べてみよう

2　中国人留学生に卒業後の進路について聞いてみよう

3　中国人起業家の特徴について調べてみよう

第 10 章

飲む

ちょっと一服　お茶でもいかが

人と人を結ぶお茶

　数年前の年末、約15年ぶりに、〈浙江省〉の省都〈杭州〉を訪れました。目的地は、近郊の富陽という街です。ここは私の研究する、郁達夫（1896-1945）という作家の出身地で、念願の初訪問でした。

　前日からの雪で、古来漢詩や小説の舞台となってきた名勝の〈西湖〉は、いっそう美しく見えました。ところが杭州から富陽まで乗ったバスが、暖房なし。雪の山道を1時間、吹き込む寒風にさらされ、身体が凍えきりました。地方都市ではまだ見かける自動三輪のタクシーで、目的の〈郁達夫旧居〉〔記念館〕に到着したところ、近くの人から、「今昼休みになったばかりだよ」。午後の開館まで、2時間もあります。

　時間をつぶす場所はないかと見まわすと、すぐ目の前に茶葉を売る店がありました。中国や台湾出張のお土産は、お茶と決めています。

　人気のないお店に入ると、奥から出てきた若い女性がどうぞと、〈工夫茶〉スタイルで、〈烏龍茶〉を淹れてくれます。しばらくして、起床したばかりの男性の主人が出てきて、お茶の接待。身体も心も温まります。杭州周辺は有名な〈龍井茶〉の産地ですが、〈福建省〉出身の主人は、故郷の烏龍茶を広めに、浙江省で店を開き、妻に支店を任せ、自らは本店にいて、先ほどの女性は妻の妹とのこと。

　お茶の話で盛り上がり、あれも飲めこれも飲めと勧められます。1時間も経つと、お昼になり、主人の友人たちが5人ほど、おかずを手に来訪します。いつものことなのか、炊込みご飯が用意してあり、にぎやかに昼食がはじまりました。ごく当たり前に私の席も用意され、食べてい

ると、「あれ、おまえは誰だ？」すると主人が「おれの友だち」「いつからの知り合い？」「さっきから」。食事が終わると麻雀（マージャン）が始まり、そろそろ記念館にと思うと、別な友人たちがやってきて、今度はその人たちと食後のお茶。烏龍茶の欠点は、利尿作用が強いこと。何度もトイレに立っては、あれこれ淹れてくれるお茶をいただきます。

そろそろ辞去しようと、お土産にお茶を買うと、主人が「いちばんいいお茶を試してくれ」とタダでくれるわ、工夫茶キットをプレゼントしてくれるわで、いたたまれないほどの歓待でした。

お茶は人と人を結びます。中国や台湾でのお茶をめぐる思い出は尽きません。1993年、短期留学先の〈北京〉で、初めて飲んだ中国茶の味に驚いたこと。1994年、留学した〈四川省〉の省都〈成都（せいと）〉で、〈中秋節（ちゅうしゅうせつ）〉〔旧暦8月15日〕に訪れた「望江楼公園（ぼうこうろう）」の〈茶館（ちゃかん）〉も忘れがたいです。1999年、台湾ではじめて訪ねたお宅で、食後お父さんが、自慢の茶器でおもむろに淹れてくれた烏龍茶。2011年、〈台北〉の「陸羽（りくう）茶藝（ちゃげい）」へ、研修中の学生たちと講習に行ったところ、台湾人に嫁いだ日本人女性が講師として指導してくれました。お茶のとりもつ縁は数知れません。

本章では、日々の生活の中にあって、食事の際に、休息の時間に、のどの渇きを癒し、くつろぎを与えてくれるお茶について、どんな本があるのか紹介しながら、お茶の世界に足を踏み入れてみたいと思います。

お茶の歴史

お茶の原産地は、中国の西南地方、〈雲南省〉あたりとされています。中国では紀元前から〈喫茶（きっさ）〉の習慣がありました。「お茶の神様」と呼ばれる陸羽（りくう）（733-804）が、『茶経（ちゃきょう）』（布目潮渢訳、講談社学術文庫、2012）

図10-1　陸羽『茶経』

を著す 8 世紀、〈唐〉代には一般化していました。日本へは、禅僧が〈宋〉に留学した 12 世紀以降もたらされ、臨済宗の開祖、栄西（えいさい）（1141-1215）が『喫茶養生記（ようじょうき）』（古田紹欽訳注、講談社学術文庫、2000）を著しました。お茶は薬としても飲まれてきました。[1] ヨーロッパへは大航海時代の 16 世紀以降、喫茶の習慣がもたらされます。

　喫茶の習慣に関して面白いのは、**フランシス・ウッド『マルコ・ポーロは本当に中国へ行ったのか』**（粟野真紀子訳、草思社、1997）の議論です。13 世紀のヴェネツィアの商人、**マルコ・ポーロ**（1254-1324）の『東方見聞録』（愛宕松男（おたぎ）訳、平凡社ライブラリー、2000）に、喫茶の習慣に関する記述がない点を指摘して、ポーロは実は中国に足を踏み入れることなく、旅行者の話にもとづき『見聞録』を書いたのでは、と推論しています。確かに、中国に来たことがあるなら、ヨーロッパの人々にとって目新しいはずの喫茶の習慣がなぜ記されていないのか、不思議です（ちなみに、フランスの老舗紅茶専門店「マリアージュ・フレール」の、代表的なブレンド紅茶の名前は、「マルコ・ポーロ」です）。一方、16 世紀に来日したポルトガル人の宣教師、**ルイス・フロイス**（1532-97）は、『**ヨーロッパ文化と日本文化**』（岡田章雄訳、岩波文庫、1991）で、日本で独自に発達した〈茶道（さどう）〉に対し強い関心を示しています。

　お茶の歴史に関しては、数多くの本が書かれています。手軽な 1 冊として、まず**角山栄**（つのやま）の名著『**茶の世界史──緑茶の文化と紅茶の社会**』（中公新書、1980）をお薦めします。本格的な 1 冊としては、お茶から世界が見える、メア、ホー共著『**お茶の歴史**』（忠平美幸訳、河出書房新社、2010）

図 10-2　フランシス・ウッド『マルコ・ポーロは本当に中国へ行ったのか』

1　中日の喫茶の歴史については、岩間眞知子『喫茶の歴史 ── 茶薬同源をさぐる』（あじあブックス、大修館書店、2015）があります。

があります[2]。お茶は、コーヒーやカカオ、煙草（タバコ）などと並び、身近な〈**嗜好品**〉の1つです。しかも、世界のしくみを語ることもできる、壮大な歴史をもった食品なのです[3]。

緑茶と花茶

日本で飲まれるお茶は、〈緑茶〉が一般的です。ほうじ茶、玄米茶などは、緑茶を焙（ほう）じたり、炒（い）った玄米を加えたりしたもので、〈**抹茶**〉は、緑茶を粉末にしたものです。いずれも緑茶がベースですから、産地や等級により違いがあっても、基本的には緑茶一種です。

ちなみに麦茶は、炒った大麦を使いますので、厳密にはお茶ではありません。お茶以外の植物を使った飲み物には、そば茶、黒豆茶、昆布茶、中国の杜仲（とちゅう）茶や甜（てん）茶、台湾の冬瓜（とうがん）茶や青草（チンツァオ）茶、香港の街角でよく見かける各種の漢方茶、朝鮮半島のトウモロコシ茶や人参（にんじん）茶、あるいはローズヒップやカモミール、レモングラスなど、各種のハーブティーがあります。いずれも〈**茶外茶**（ちゃがいちゃ）〉と分類されます。最近一般化しつつあるマテ茶やルイボスティーもそうですし、お茶の葉を食べた虫の糞を溶（と）かした、「虫糞茶（ちゅうふん）」という珍品もあります。

緑茶一辺倒の日本に比べ、中国のお茶は驚くほど多様です。

お茶は〈**発酵**〉の程度によって、大きく6種類に分類されます。発酵が少ない順に、緑茶、白茶、黄茶、烏龍茶（＝青茶）、紅茶、普洱（プーアル）茶（＝黒茶）です。これらはすべて同じ茶葉から作られます。つまり、茶の木自体は、

2　お茶に関する定番の一冊は、松崎芳郎『年表茶の世界史』（八坂書房、2012）、読み物としては、陳舜臣『茶の話 —— 茶事遍路』（朝日文庫、1992）を挙げておきます。

3　日常の嗜好品から、世界のしくみをのぞいた本には、アントニー・ワイルド『コーヒーの真実 —— 世界中を虜にした嗜好品の歴史と現在』（三角和代訳、白揚社、2011）、小澤卓也『コーヒーのグローバル・ヒストリー —— 赤いダイヤか、黒い悪魔か』（ミネルヴァ書房、2010）、武田尚子『チョコレートの世界史 —— 近代ヨーロッパが磨き上げた褐色の宝石』（中公新書、2010）、和田光弘『タバコが語る世界史』（世界史リブレット、山川出版社、2004）などがあります。入門書には、嗜好品文化研究会編『嗜好品文化を学ぶ人のために』（世界思想社、2008）が、より深くは、シヴェルブシュ『楽園・味覚・理性 —— 嗜好品の歴史』（法政大学出版局、1988）があります。

一種類しかありません。もちろん茶の品種は多様で、交配によって複雑に進化しており、緑茶向き、紅茶向きなどがありますが、特定の木の茶葉が紅茶になる、といったことはありません。加工法の相違により、多種多様なお茶が作られるのです。

　では、どう加工するのでしょうか。ごく単純にいうと、〈**加熱**〉のタイミングや方法で、お茶の種類が変わります。

　〈**緑茶**〉は、摘んですぐに熱を加え、茶葉の発酵を止めます。中国と日本の緑茶では、熱の加え方に違いがあり、中国では釜で炒る、日本では蒸すのが一般的です。加熱後にお茶を揉むのは同じですが、仕上がりの形状も異なり、日本では茶葉を針状にし、手摘みが一般的な中国では葉の形をそのまま残していることが多いです。

　飲み方も、日本では急須を用いますが、中国ではコップや〈**蓋碗**〉などに入れた茶葉に湯を注いで、そのまま飲みます。〈**上海**〉に旅することがあれば、伝統庭園「豫園」を散策し、「南翔饅頭店」で小籠包を食べたあとは、茶館の「湖心亭」で緑茶を試してみてください。「豫園」近くの「老上海茶館」もお薦めです。ガラスのコップでお湯に舞う緑茶の葉は、不思議な魅力の映画『**緑茶**』（張元監督、2003）で象徴的に使われています。[4]

　この緑茶に、花などで香りをつけると、〈**花茶**〉になります。もっとも一般的なのは、〈**茉莉花茶**〉で、日本では、湯を注ぐと花が開いたようになる、蕾の形に加工してあるものをよく見かけます。ほかに、〈**桂花茶**〉も広く飲まれています。キンモクセイの香りは烏龍茶や紅茶につけることもあります。夏の盛り、東大赤門前の喫茶「金魚坂」で飲む、濃い目に淹れたアイスの〈**桂花烏龍茶**〉は清冽な味わいで、暑さを忘れさせてくれます。

　4　映画『緑茶』については、小川利康「映画『緑茶』を読む ── 金仁順「水辺的阿狄麗雅」が映像になるまで」上下（『中国文学研究』第 31, 32 号、2005.12, 2006.12）や「「わたし」という迷宮へ ── 映画『緑茶』の味わい方」（『アジア遊学』第 97 号、2007.3）を参照すると理解が深まります。

花を用いた茶外茶では、乾燥させた菊の花を使った〈菊花茶〉が代表的で、〈玫瑰花茶〉もよく飲まれます。〈ベトナム〉に行くと、蓮の花の、独特の甘い香りを加えた、〈蓮茶〉が一般的に飲まれています。ベトナムでは、観賞用としての花はもちろん、蓮の実や蓮根など、蓮が生活のいたるところに溶け込んでいます。

烏龍茶と工夫茶

これまで日本・中国や台湾、行く先々でいろんなお茶を試してきましたが、私が日常的に飲むのは、〈烏龍茶〉です。烏龍茶と緑茶の最大の違いは、香りと渋みです。烏龍茶は香りが高く渋みが弱い。一方緑茶は、香りは弱いが渋みに深みがある。好みの別れるところです。

発酵させない緑茶に対し、〈半発酵茶〉である烏龍茶は、摘んでからしばらく天日干しや陰干しをし、発酵させます。その後加熱することで、発酵を2割から8割程度に止めます。一度、飲み終わったあとの烏龍茶の葉を広げてみて下さい。葉の中心は緑のままで、周囲のみ赤茶色になっていることに気づくはずです。赤茶色が、発酵した部分です。

発酵の度合いで、味はずいぶん異なります。台湾の烏龍茶でいうと、発酵の軽い〈文山包種茶〉は、緑茶に近い青々した味わい。もう少し発酵した〈凍頂烏龍茶〉ですと、淹れたお茶の色は、いかにも烏龍茶らしい黄金色で、香り高く爽やかな味わい。福建省産で有名な〈鉄観音〉は台湾にもあり、台湾の〈木柵鉄観音〉の発酵度数は50%ほど。焙煎が強いため、ほうじ茶のように香ばしい味がします。〈東方美人〉（オリエンタル・ビューティー）とも称される〈白毫烏龍茶〉となると、発酵が進み、ほとんど紅茶を飲んでいるかのようです。

図10-3　張元監督『緑茶』DVD
（レントラックジャパン、2006）

　烏龍茶のすばらしさは、飲み方にもあります。日本には茶道があります
が、福建省で生まれ台湾で発達した烏龍茶の淹れ方（「茶芸」と総称）に、
〈工夫茶〉があります。急須や茶杯などの道具は、ままごとのように小
ぶりです。茶葉を急須の底が見えない程度に入れ、沸騰したやかんから、
高温のお湯を注ぎます。緑茶にはやや冷ましたお湯を用いますが、半発
酵茶の烏龍茶や発酵茶の紅茶は、必ず高温を用います。1、2分ほどでピッ
チャーに注ぎ、味を均してから、「聞香杯」に入れます。「茶杯」で蓋をし、
ひっくり返したら、準備完了です。まず聞香杯の、湯が蒸発する際に発
する香りを楽しんでから、茶杯に注がれたお茶を美味しくいただく。こ
れをひたすらくり返します。

　私はこれまで何度も工夫茶スタイルでお茶をいただいてきましたが、
お茶を飲むだけでこれほど心が静まる瞬間はありません。かちゃかちゃ
鳴る茶器の音、屋内を満たす湯気、清新なお茶の香り、親しい人との語
らい、それらすべてが1つになってくつろぎの時間を演出してくれるの
です。**孫周**（1954-）監督の映画『**心の香り**』（1992）は、工夫茶を淹れるシー
ンで終わります。監督は最初の監督作『**コーヒーは砂糖入りで**』（1987）
でも、飲物のシーンを印象的に使っていました。

　烏龍茶は今ではどこでも買うことができますが、せっかくなので本場
台湾の茶葉店で、お店の主人と語らい、味見をしながら買ってみてくだ
さい。手軽なのは、台湾なら至る所にある「天仁茗茶」ですが、〈**台北**〉
の地下鉄忠孝復興駅近く、そごうデパート裏手の「和昌茶荘」や、中山
駅近くの「王徳傳茶荘」なども便利です。〈**台南**〉なら、昔の繁華街で
ある民権路の、古い茶壺が並んだ老舗「振發茶行」、歴史ある街の雰囲
気が今も残る新美街の「金徳春茶舗」、台湾文学館や孔子廟から近い青
年路の「金勝芳茶行」をお薦めします。いずれも千円程度でおいしい茶
葉が手に入ります。

　茶芸館は、最近は〈**神戸**〉のチャイナタウン〈**南京町**〉の「陸羽茶芸館」
など、日本でも気軽に楽しめるようになりました。台北では、総統府や
二二八和平公園から近い「陸羽茶藝」や、台湾大学近くの古い日本家屋

を利用した「紫藤廬(しとうろ)」、台湾各地の大都市にある「耕讀園(こうどくえん)」で楽しめます。郊外に行く時間があれば、地下鉄とロープウェイを乗り継いで、お茶の里、文山区の「猫空(マオコン)」まで足を延ばしてみてください。街の喧騒を離れ、山の上でいただくお茶と茶葉料理は、気分を一新させてくれます。

紅茶とアフタヌーン・ティー

〈紅茶〉は、揉んでから充分に発酵させ、乾燥させたお茶です[5]。お茶を淹れる際に気を配りたいのは、茶器や湯温ですが、〈完全発酵茶〉である紅茶の場合、お湯を注いだ後に茶葉を動かさないことが大事です。動かすと紅茶特有の渋みが出てしまいます。

日本では紅茶はコーヒーと並んで、主に休憩時に飲まれますが、飲み方には違いがあります。英国で好まれるのは、〈アッサム茶〉や〈セイロン茶〉などをブレンドした、〈イングリッシュ・ブレックファスト〉などの、香りやコクの強い種類です。ティーバッグの紅茶を濃く淹れ、これにたっぷりの牛乳を注いだミルクティーを、がぶがぶ飲みます。レモンを載せるのはロシア発祥の飲み方です。

喫茶の習慣がヨーロッパへ伝わるのは、16世紀末、オランダが持ち込んで以降のことです。18世紀の英国では、コーヒーやココアなど、ほかの〈嗜好飲料〉との競争を勝ち抜いて、〈国民飲料〉とも呼ぶべき地位を獲得しました。紅茶は四六時中飲まれるようになりますが、下層の労働者階級は朝食時から飲んでいましたし、中・上流階級では午後に、スコーンなどの軽食とともにいただく、〈アフタヌーン・ティー〉が普及しました[6]。紅茶の本場ロンドンの有名ホテルのみならず、現在では世界各地の高級ホテルのラウンジで、午後には必ずといっていいほどアフ

5　紅茶については、磯淵猛『一杯の紅茶の世界史』（文春新書、2005）が楽しく読めます。紅茶の博物誌としては、昭和の奇才、春山行夫の『紅茶の文化史』（平凡社ライブラリー、2013）があります。砂糖を一さじ入れる方は、川北稔の傑作『砂糖の世界史』（岩波ジュニア新書、1996）をどうぞ。

6　出口保夫『アフタヌーン・ティの楽しみ —— 英国紅茶の文化誌』（丸善ライブラリー、2000）には、英国における紅茶文化全般の記述があります。

タヌーン・ティーのサービスがあります。ロンドンでは食品の百貨店、「フォートナム＆メイソン」に観光客が押しかけています。

　上品さを売りにした空間が不得意な私も、英国の旧植民地、香港の老舗ホテル「ザ・ペニンシュラ」や、シンガポールの「グッドウッド・パーク・ホテル」などで経験しました。中でも記憶に残るのは、マレーシアの〈ペナン〉にあるクラシックホテル、「イースタン＆オリエンタル」のアフタヌーン・ティーです。いかにもコロニアルで異国情緒たっぷりなホテルの雰囲気には酔わされてしまいました。[7]

　紅茶を購入するなら、旧英国植民地の香港に、複数の店舗を構える「英記茶荘」をお薦めします。紅茶は中国や台湾でも生産しています。代表的なのは〈安徽省〉の〈祁門紅茶〉ですが、中国産なら福建省の「武夷山」で作られる〈金駿眉〉、台湾産では〈蜜香紅茶〉をぜひ試してみてください。こういう紅茶もあるのか、と思わせてくれる味です。香港同様、英国の植民地だったシンガポールでは、新興の茶葉店「TWG」が、多種の紅茶をそろえた店舗を各地に開いています。

中国茶の生産地と消費地

　種類の多い中国茶ですが、どこで作られ、どこで飲まれているか、主な生産地と消費地があります。中国でもっとも広く飲まれているのは、実は緑茶で、中でも花茶が飲まれています。緑茶の半分以上はジャスミンティーに加工されています。

　私が北京や四川省に留学したときも、毎日飲んでいたのはジャスミンティーでした。最初は香りがきつくやや抵抗あるのですが、慣れると、香りなしではもの足りないほどです。香りをつけることは紅茶にもあります。〈**アールグレイ**〉（主にインド産茶葉を用いた英国製、中国語名は「伯爵」）は、柑橘系のベルガモットで香りがつけてあります。〈**ラプサンスーチョン**〉（主に中国製、「正山小種」）は松葉で燻してあって、正露丸を連想させ

　7　アジアのコロニアルなクラシックホテルについては、青木保編『ホテルからアジアが見える』（海竜社、2001）があります。

る強い香りです。いずれも癖になる味です。

　もちろん、花の香りをつけない緑茶も飲まれています。産地で有名なのは、浙江省杭州の西湖周辺で作られている、〈龍井茶〉。西湖の近くに「虎跑泉」という有名な名水があり、これで淹れた龍井茶は最高とされるのですが、1995年、中国留学中の私とともにこれを飲んだ母の感想は、「味が薄い」の一言でした（西湖を見ても、「東条湖みたいなところやな〔＝兵庫県加東市にあるダム湖〕」と言ってました）。緑茶ではほかに〈安徽省〉の〈黄山〉で作られる〈黄山毛峰〉などが有名です。

　烏龍茶は、主に福建省と台湾で生産、消費されています。

　紅茶といえば英国との連想が働きますが、そもそもイギリスのような北国では、温帯や亜熱帯の植物であるお茶は育ちません。しかし、17世紀にヨーロッパへもたらされ上流階級が飲んでいたお茶が、18世紀から19世紀にかけて広く日常的に飲まれるようになると、植民地のインドで安く生産したいと考えるようになります。そこで活躍したのが〈プラントハンター〉と呼ばれる植物採集者でした。インドへと茶の木をもたらした、ロバート・フォーチュン（1812-80）は、『幕末日本探訪記──江戸と北京』（三宅馨訳、講談社学術文庫、1997）という滅法面白い記録を残してくれました。[8]広くアジアで活躍した彼らについては、白幡洋三郎『プラントハンター』（講談社学術文庫、2005）が楽しく読めます。

図10-4　ロバート・フォーチュン『幕末日本探訪記』

「もっとも進化したお茶の飲み方」──普洱茶と飲茶

　敬愛する文筆家、山口文憲（1949-）の名言に、「廣東で発達した〈飲

8　フォーチュンの活躍については、サラ・ローズ『紅茶スパイ──英国人プラントハンター中国をゆく』（築地誠子訳、原書房、2011）があります。

茶　やむ・ちゃあ〉の習慣。これこそホモ・サピエンスが到達した、お茶の飲み方の最高段階といっていいのではあるまいか」、があります。香港に行くならぜひ鞄に入れてほしい名著『**香港──旅の雑学ノート**』（新潮文庫、1985）の飲茶贔屓（ひいき）には、100% の賛意を表します[9]。

図 10-5　山口文憲『香港──旅の雑学ノート』

〈**飲茶**（ヤムチャ）〉とは、〈**広東省**（カントン）〉や〈**香港**〉で発達した、お茶を飲みながら種類豊かな〈**点心**（てんしん）〉を味わう、朝食にも昼食にも、午後の軽食にもなる食習慣です[10]。中国ではお茶を楽しむ場所は一般に〈**茶館**〉と呼ばれますが、広東や香港では〈**茶楼**〉と呼ばれ、凝った味の点心がつきものです。本場の香港には、格式ある「陸羽茶室」や、庶民的な「蓮香楼」（リンヒヨンラウ）など、飲茶専門の茶楼もありますが、たいていの広東料理レストランで朝や昼に飲茶を提供しています。

　お茶の種類を選ぶと、ポットに入れたお茶を持ってきてくれるので、まず食器の類を洗います（香港人は念入りに洗っています）。点心は、「陸羽茶室」のように、注文してから調理される形式もあれば、「蓮香楼」のように、カートや肩から下げた箱に入れて回ってくる点心を、価格に従いハンコを押してもらいながら選び取る形式もあります。「翠園」（ジェード・ガーデン）や「鳳城酒家」のような、支店がいくつかある広東料理レストランの飲茶は、味で勝負しているので、2、3千円も出せば、本格的な味の点心をお腹いっぱい食べられます。

　飲茶の主役は点心ではなく、お茶です。中国南方でよく飲まれる

　9　山口文憲のもう一冊の香港路上観察、『香港世界』（ちくま文庫、1986）も時代を超えた名著です。

　10　広東・香港の食文化については、日野みどり『香港・広州 菜遊記──粤（えつ）のくにの胃袋気質』（凱風社、2003）があります。飲茶の入門書には、菊地和男『香港飲茶読本』（平凡社コロナ・ブックス、1997）が手軽です。

〈普洱茶（プーアル）〉が一般的ですが、香港では〈白茶〉の一種、〈寿眉茶（サウメイ）〉もよく飲まれています。〈白毫銀針（びゃくこうぎんしん）〉や〈白牡丹（はくぼたん）〉が代表的な白茶や、〈君山銀針〉が代表的な〈黄茶〉は、高級品で、さほど一般的ではありませんが、寿眉茶は白茶でも一般的なお茶なので、ぜひ頼んでみてください。広東や香港など、中国南方のお茶文化については、**島尾伸三『中国茶読本』**（平凡社コロナ・ブックス、1996）が必読の一冊です。

　〈**普洱茶**〉は〈**後発酵茶（こう）**〉と呼ばれ、微生物により時間をかけて発酵させる点が特徴です[11]。一般に古いほど値段が高くなるのはそのためです。飲茶のお店でよく出る普洱茶は熱いですが、アイス普洱茶も悪くはありません。暑い夏に濃くして飲むと、頭がすっきりします。

　香港のお茶でもう一つ忘れないでおきたいのは、〈**茶餐廳（チャアチャンテン）**〉（茶レストラン）の存在です。庶民的で、メニューは中洋とりそろえ無数にあり、日本のファミレスに近い存在で、いかにも香港らしい空間です。〈**冰室（ビンサッ）**〉とも称する、朝や昼に軽食を出すタイプと、夜遅くまで営業してしっかり食事をとるタイプの2つがあります。提供するお茶は、エヴァミルク（無糖練乳）を入れた、濃厚な〈**港式奶茶（コンセッウナイチャア）**〉（香港式ミルクティー）か、輪切りのレモンを何枚も入れたレモンティーです。香港島の〈**湾仔（ワンチャイ）**〉にある「金鳳茶餐廳（きんぽう）」の、香港式ミルクティーと「**波蘿包（ボーローバウ）**」（パイナップルパン）の組み合わせは、ほかでは味

図10-6　金鳳茶餐廳
（撮影：大東和重）

11　お茶の加工の工程については、サントリーや日東紅茶などの会社のHPに、写真入りで解説があるので、のぞいてみて下さい。

12　茶餐廳のガイドに、龍陽一『香港無印美食──庶民のマル味ワンダーランド茶餐廳へようこそ！』（TOKIMEKIパブリッシング、2005。新版、2012）があります。

わえないおいしさです[12]。食事も出すタイプでは、「蛋撻（タンタツ）」（エッグタルト）が美味しい、〈銅鑼湾（コーズウェイ・ベイ）〉の「澳門茶餐廳（マカオ）」をお薦めしたいと思います。

飲み方いろいろ

中国では、人々がよくお茶を持ち歩いています。変な感じがするかもしれませんが、中国でお茶は生活の一部。中国茶は何度淹れても味が出ます。

一般に中国ではお湯はどこでもタダで供給されています。中国に留学中、部屋には2リットルほど入る魔法瓶が置いてあり、1日2、3度湯を入れておいて、のどが乾いたら、蓋付きの中華風マグカップに茶葉を入れ湯を注いで飲んだものでした。魔法瓶はガラス製で、プラスチックのカバーがついています。机などにぶつけると簡単に割れますが、町中の雑貨屋で格安で売っていました。

かつて中国の人々はインスタントコーヒーの空き瓶のようなものにお茶を入れて、持ち歩いていました。最近は見かけることが減り、学生はおしゃれな水筒を持っています。日本でも、ペットボトルの登場でお茶の飲み方が一変したように、中国でもお茶を飲む習慣は変化しつつあります。

中国の伝統的なお茶の飲み方の1つは、〈茶館〉で、友人たちと談笑し、鳥の鳴き声や将棋を楽しみながら、持参したお気に入りのお茶の葉に、場所代として湯の代金を払って飲むお茶です。茶館を紹介した本として、**平野久美子**ほか『**中国茶と茶館の旅**』（とんぼの本、新潮社、2004）を挙げておきます。

お茶は美味しいだけでなく、すこやかで、満ち足りた気分にしてくれます。こんなよい飲物をプレゼントしてくれた神様に、感

図 10-7　平野久美子ほか『中国茶と茶館の旅』

謝したくなることがあります。19世紀半ばの中国で、〈太平天国の乱〉という、キリスト教から刺激を受けた大反乱がありました。礼拝の儀式で神に供えられたのは、3杯のお茶です。それは、「神への感謝のしるし」でした（容閎『西学東漸記——容閎自伝』百瀬弘訳、平凡社東洋文庫、1969）。同じお茶をともに飲むことには、人と人を結びつける効果もあるように思います。お茶は美味しく飲めばいいものですが、歴史や種類について知るほど、味わい、深みはいっそう増すことでしょう[13]。

13　飲食品は人類の歩みを支えてきました。嗜好品のみならず、食べものからも世界は見えてきます。山本紀夫『ジャガイモのきた道 —— 文明・飢饉・戦争』（岩波新書、2008）、同『トウガラシの世界史 —— 辛くて熱い「食卓革命」』（中公新書、2016）、ダン・コッペル『バナナの世界史 —— 歴史を変えた果物の数奇な運命』（黒川由美訳、太田出版、2012）などを手に取ってみてください。

 読んでみよう・調べてみよう！

1　さまざまなお茶を飲み、その製法や産地を調べてみよう

2　お茶が中国や日本・西洋の食文化をどのように変えたか、関連
　　書籍を読んで調べてみよう

3　中国・台湾・香港などで茶館・茶芸館・飲茶店を訪れ、中国茶
　　の世界を体験してみよう

第 11 章

つきあう

面子の立て方　つぶし方

中国社会と面子

たとえばお世話になっている目上の人と、ゲームでもスポーツでも、勝負事をしたとしましょう。みなさんはあくまで自分の勝ちをめざしますか？　それとも相手に勝ちを譲りますか？

これは人にも状況にもよるでしょう。しかし、自分が勝つことで、目上の人が気分を害するようならば、わざと負けてあげる、という人は、意外に少なくないかもしれません。いわゆる「空気を読む」という感覚に似ています。つまり、ここでは目

図 11-1　武芸師範を打ち負かす林冲

上の人のために、〈面子〉を立ててあげているわけです。

面子は日本語にもなっていて、体面とか名誉とか、世間体とかいう意味で使われます。「面子を立てる」「面子を保つ」「面子を潰す」「面子を失う」などは日常会話でもよく聞きますし、どの国でも多かれ少なかれみられることでしょう。とりわけ中国社会では、面子は人間関係をうまく築いてゆく上で、とても重要な「行動規範」になっています。[1]

1　「面子」を分析した少し専門的な本に、李明伍『中国社会の二元構造と「顔」の文化』（有信堂高文社、2017）があります。「面子」の厳密な定義や、先行研究も紹介されています。

面子は中国社会にがっちりと根付いており、中国の芝居や古典小説にもよくみられます。たとえば、〈明代〉(1368-1644)の有名な長編小説『水滸伝』第9回を見てみましょう[2]。元下級役人の「林冲（りんちゅう）」は、ある農村に立ち寄り、村の有力者に出会います。そこで林冲は、有力者お抱えの武芸師範から勝負を挑まれますが、一度は断ります。なぜなら、武芸師範を打ち負かしてしまっては、有力者の面子を潰すことになるだろう、と思ったからです。林冲は自分と有力者の社会的地位を比べて、自分が格下とみるや、それに見合う行動をと

図11-2　虎を退治する武松

り、有力者の面子を立てようとしたのです。その後、林冲は有力者の気持ちを忖度（そんたく）し、問題ないとみてから、武芸師範をコテンパンにします。

　一方、面子は相手に立ててあげるだけでなく、自分のために保つものでもあります。同じく『水滸伝』第23回は、武芸の達人の「武松（ぶしょう）」が虎退治をする話です。腕に覚えのある武松は、虎が出るという峠に意気揚々と向かいますが、途中で尻ごみして引き返そうとします。しかしそれでは村人に笑われ恥をかく、と思い留まり、ついには虎を退治して、土地の有力者に賞賛され、任官することになります。

　自分に社会的評価に見合う能力がきちんと備わっているのかどうか、自分が他人よりいかに格上なのかを世に示して面子を保つということ

───────────
　2　翻訳には、吉川幸次郎・清水茂訳『完訳水滸伝』（岩波文庫、1998）があります。また江河海著、佐藤嘉江子訳『中国人の面子2──「三国志演義」「水滸伝」「紅楼夢」から解き明かす中国人気質』（はまの出版、2001）は、「面子」を通して古典小説を解読する試みをおこなっています。

も、中国社会では非常に重要なこととされてきました。

　こうしてみると、中国では自分と相手の互いの面子を重視してきたことが分かります。面子はお互いに立て合うものであり、決して潰してはいけない。そうしてこそ人間関係、人づきあいはうまくゆく……という考えがその根底にあるようです。ただし実際にどのような行動をとるかは、お互いの地位や立場によります。中国社会ではこのように、自分と相手の「社会的関係」を見きわめ、それに見合った行動をとろうとすることが多いのです。社会学者の**費孝通**（ひこうつう）（1910-2005）は、こうした人間関係のありようを〈序列構造〉とよび、『**郷土中国**』（鶴間和幸ほか訳、学習院大学東洋文化研究所、2001）という本で紹介しています。

　では中国ではどのような人間関係に、あるいはどのような場面に面子がみられてきたのでしょうか。20世紀前半までの農村社会を描いた小説作品をとりあげ、中国にみられる面子のありようを探ってみたいと思います。

農村の知識人と面子

　現代中国を代表する作家、**魯迅**（ろじん）（1881-1936）[3] は、「「**面子**」について」（1934）という散文で、中国には身分ごとにそれぞれの面子がある、といっています[4]。たとえば、身分のある人が裸になって上着に着いたシラミをとれば、自分の面子を潰すこと

図 11-3　魯迅（1933 年）

　3　魯迅についての研究書は、日本だけでも相当な数があります。魯迅の経歴や作品、先行研究を調べる一歩として、ここでは藤井省三『魯迅事典』（三省堂、2002）を挙げます。また中国モダニズム研究会『ドラゴン解剖学・竜の子孫の巻　中華文化スター列伝』（関西学院大学出版会、2016）第 4 章も参照してみて下さい。

　4　翻訳は、『魯迅選集』第 11 巻（松枝茂夫訳、岩波書店、1956）参照。

になるが、身分のない人にとっては当たり前のことなので、面子を潰すことにはならない。しかし身分のない人でも、自分の妻に蹴飛ばされて泣きだすようなことがあれば、やはり自分の面子を潰すことになる、といいます。

　魯迅の言うことは、中国の伝統的な「社会制度」とも関わっています。中国では〈儒教〉の教養を身につけた〈士大夫〉、つまり知識人が官僚として支配層となり、国家の運営がなされてきました。一方で庶民層は、官吏を登用するための試験、〈科挙〉に合格することで、役人になることもできましたが、やはり大多数の人々にとって、知識人は雲の上の存在であり、住む世界が違う、と思われていました。よって知識人は知識人の、庶民は庶民なりの、それぞれの立場に応じた面子を保ってゆくことになります。儒教の中国での位置づけや知識人と庶民の立場の違いについては、**岡本隆司『中国の論理——歴史から解き明かす』**（中公新書、2016）が手に取りやすく、解説も分かりやすいです。また**須藤洋一『儒林外史論——権力の肖像、または18世紀中国のパロディ』**（汲古書院、1999）も、士大夫と農民の世界観の違いを分析しており、とても面白い本です。

　では知識人は、どのように相手の面子を立て、また自らの面子を保とうとしたのでしょうか。ここでは〈郷紳〉という階層に注目してみたいと思います。郷紳とは、地方の国立学校の入学試験に合格した〈生員〉以上の身分を持ちながらも、いろいろな理由で官僚にならず、農村に留まっている知識人のことです。彼らは地主や商人、〈宗族〉のリーダーであることが多く[5]、その顔の広さを利用して、裏で官僚に働きかけ、さ

5　父系の親族関係でつながった一族のこと。共通の祖先の墓や、祖先の位牌を祀った「祠堂」と呼ばれる建物、祖先の業績を示した家系図である「族譜」等を持ち、ひとつの地域にまとまって居住していることも少なくありません。宗族については、吉原和男ほか編『〈血縁〉の再構築——東アジアにおける父系出自と同姓結合』（風響社、2000）、瀬川昌久ほか編『〈宗族〉と中国社会——その変貌と人類学的研究の現在』（風響社、2016）など参照。
6　田原史起『二十世紀中国の革命と農村』（山川出版社、2008）は、伝統中国の郷紳が民国期、建国後、改革開放後といかに変容したか、その過程を解説した本です。

まざまな利益を得ていました[6]。

　では彼らはどのように官僚と〈関係〉（グアンシ）、つまりコネをつけるのでしょうか[7]。それはワイロや贈り物を渡したり、宴会を開いて一緒に酒を飲んだりして、相手の面子を立ててやるのです。このあたりは〈**清代**〉(1644-1912) の小説、**呉敬梓**（こけいし）『**儒林外史**』（稲田孝訳、平凡社、1968）によく描き出されています。『儒林外史』にみえる郷紳たちは、官僚と親しくなることに躍起（やっき）になっているようにみえます。その目的は、面倒な裁判事をうまくいかせるためだったり、

図 11-4　孔乙己と酒場の主人
（出典）肖振鳴編『豊子愷漫画魯迅小説集』168 頁、福建教育出版社、2001

自らが官僚になるためだったり、なんらかの利益を見込んでのことなのです。

　一方で、郷紳は農村では絶対的な権力を持っていたため、相手が自分より格下とみれば、その態度を一変させます。たとえば『儒林外史』第2回には「王挙人」という郷紳が出てきます。初対面の老書生が科挙に合格していないのをみると、王挙人は尊大な態度をとり、自分は豪華な料理を食べ、老書生には粗末な食事を与え、自らの面子を保とうとします。このように相手が自分より格下だったり、関わりの少ない他人だったりした場合は、特別に面子を立ててあげたりはしないのです。

　しかし、これは老書生の面子を潰すことにはなりません。なぜなら老書生も自らの立場が分かっていて、こうした待遇を受けることに納得しているからです。**ロイド・E・イーストマン**『**中国の社会**』（上田信ほか訳、

　7　中国社会では何をするにもコネ、いわゆる「関係」が必要になります。デイビッド・ツェ著、古田茂美訳『中国人との「関係」のつくりかた』（ディスカヴァー携書、2012）は、著者が中国マーケティング研究の第一人者で、ビジネス面から「関係」を分析しています。

平凡社、1994）では、中国人同士が相互に結ぶこうした社会関係が分かりやすく説明されています。

もう1つ、魯迅の小説「孔乙己（コンイーチー）」（1919）をみてみましょう。[8] 主人公の孔乙己も、科挙に合格しないまま、酒場で飲んだくれている貧乏書生です。彼は郷紳の家に本を盗みに入り、捕まって足を折られてしまいます。郷紳にとっては、住民から尊敬されて当然のところ、逆に盗みに入られて面子を潰された、ということになるのでしょう。〈中華民国〉期（1912-49）までの中国社会では、村

図11-5　妻に面子を潰される七斤

（出典）肖振鳴編『豊子愷漫画魯迅小説集』283頁、福建教育出版社、2001

まで政府の統治が行き届かず、郷紳による私刑（リンチ）など当たり前でした。[9]

しかしその後、孔乙己は両手でいざって酒場にやってきて、酒場の主人には「ころんで」足を折ったのだといいます。孔乙己は郷紳ではないのですが、知識人のはしくれとして、庶民に対しては自分の面子を保ちたいという気持ちがあったのでしょう。こうした局限状態でも、自らの社会的立場に見合った行動をさせようとするのが、中国における面子なのです。

農民と面子

では、農民の面子はどうでしょうか。魯迅の小説「風波」（1920）には、農村に暮らす庶民の面子が生々しく描かれています。[10]

8　翻訳は、『魯迅選集』第1巻（竹内好訳、岩波書店、1956）参照。

9　民国期以前の農村にどのような裁判や制裁があったのかは、仁井田陞『中國法制史』（増補版、岩波書店、1963）に詳細な解説があります。

10　翻訳は、『魯迅選集』第1巻（竹内好訳、岩波書店、1956）参照。

物語は中華民国初期、村では情報通で通っている船頭、「七斤（チーチン）」の〈辮髪（べんぱつ）〉をめぐって始まります。〈清朝〉が倒れ、そのいざこざの途中で辮髪をなくした七斤ですが、皇帝が復位したという噂話を聞き、おとがめがあるのではないかと心配します。そこになじみの郷紳がやってきて、自らの辮髪を七斤らにみせつけながら、辮髪無しの罪がどのようなものかは、ちゃんと「本に書いてある」、と話すのです。こうして郷紳は、自分が農民よりいかに格上なのかを、知識と辮髪の有無ではっきりさせ、その面子を保とうとします。

図11-6　自分の娘を殴る七斤

（出典）肖振鳴編『豊子愷漫画魯迅小説集』286頁、福建教育出版社、2001

　一方、農村の一女性である七斤の妻にとって、郷紳の権威は絶対です。そこで彼女は大勢の村人の前で、七斤をののしります。儒教では〈三綱（さんこう）〉[11]といい、「妻は夫に仕える」という規範がありますが、村の有名人だった七斤は、格下とみていた村人達の前で、妻に面子を潰されてしまいます[12]。そこで七斤は、近くにいた年端（としは）もいかない自分の娘を殴ります。こうすれば、妻には面子を潰されたものの、父親としての面子は保たれるからです。

　ここには面子を潰された屈辱が、社会的に弱い立場にいる者に押しつ

　11　三綱とは父子、夫婦、君臣という上下関係を前提とした人間関係です。儒教の道徳や規範については、土田健次郎『儒教入門』（東京大学出版会、2011）や、加地伸行『儒教とは何か』（増補版、中央公論社、2015）など参照。これらの本では儒教の社会的、政治的な役割に関する解説も丁寧になされています。また女性の行動規範については、関西中国女性史研究会編『中国女性史入門 —— 女たちの今と昔』（増補改訂版、人文書院、2014）があります。

　12　儒教イデオロギーの社会各層への浸透については、何炳棣『科挙と近世中国社会 —— 立身出世の階梯』（寺田隆信ほか訳、平凡社、1993）参照。

けられてゆく構造がみてとれます。中国社会のこうした「面子の押し売り」を、魯迅の小説から分析した本には、仁井田陞『中国社會の法と倫理──中國法の原理』（清水弘文堂書房、1967）があります。農村に暮らす庶民も、自分より下位の者の前では、こうして自らの面子を保とうとします。

つづけて魯迅の「阿 Q 正伝」(1921)を見てましょう[13]。この作品に描かれているのは、農村社会の最底辺にいる農民の面子です。主人公の「阿 Q」は、「風波」の七斤とは違い、家族も名声もありません。彼は日雇い農

図 11-7　阿 Q と自殺するそぶりをみせる呉媽

(出典) 肖振鳴編『豊子愷漫画魯迅小説集』40 頁、福建教育出版社、2001

民で、社会的地位がほとんどないため、本来は保つべき面子などないのです。しかし阿 Q は自尊心が強く、他人が彼の面子を立てるのは当然だと思っています。そしてほとんどの場合、他人から面子を立ててもらえず、むしろ逆に殴られてしまいます。

しかしそうして悔しい思いをした時も、阿 Q は自分の横っつらを殴ることで「他人を殴った」気持ちになり、自分の優位を保とうとします。自分の娘を殴る七斤も同様ですが、自分の体にまで等級をつけて面子を保とうとするこの行動は、〈精神勝利法〉といいます。アーサー・H・スミス『中国人的性格』（石井宗晧ほか訳、中央公論新社、2015）は、アメリカ人宣教師の著者が 19 世紀の中国を観察し、その民族性を描き出そうとした本です。ここではすでに、阿 Q と似た行動をとる中国人の様子が指摘されており、魯迅も当時、スミスから何らかの影響を得ていたと

13　翻訳は、『魯迅選集』第 1 巻（竹内好訳、岩波書店、1956）参照。

いわれています[14]。

　相手の面子を立てることは、平和
な人間関係を築くための手段なので
すが、阿Qはそれがわかっていま
せん。たとえばある時、「趙旦那」
という郷紳の家で、阿Qは女中の
「呉媽」に向かい、「おらと寝ろ」と
言ってしまい、そこに趙家の者が集
まってきて、大騒ぎになります。呉
媽は寡婦ですが、当時の中国では寡
婦は亡くなった夫や婚約者に〈**貞節**〉
を誓うのが当たり前とされていまし
た。つまり阿Qの行為は、呉媽の
貞節を汚し、彼女の面子を潰すこと

図 11-8　のけ者にされる阿 Q
（出典）肖振鳴編『豊子愷漫画魯迅小説集』
45 頁、福建教育出版社、2001

になるのです。一方、呉媽はこの時、大泣きして自殺するそぶりをみせ
ます。これは寡婦という立場に見合った「正しい行動」を、わざと周り
の人々にみせることで、自らの面子を保とうとしているのです。中国社
会における女性の行動規範については、**滋賀秀三『中国家族法の原理』**（創
文社、1967）にくわしく、家族内での寡婦の立場がよく分かります。

　さてこの結果、阿Qは賠償を取られた上に、趙家への出入りを禁止
され、のみならず村人達からものけ者にされ、仕事もなくなってしまい
ます。これは阿Qが趙家の女中を辱め、趙旦那の面子を潰したからです。
中国の農村社会では、相手の面子を尊重することができなければ、まと
もなつきあいができない者とみなされ、誰からも相手にされなくなりま
す[15]。こうして阿Qは、村から出てゆくしかなくなるのです。その後も

　14　白山俊次「アーサー・H・スミス『中国人的性格』と魯迅との関係性について」（『外
国語学会誌』第 46 号、2016）参照。

　15　三品英憲「近代華北村落における社会関係と面子 ―― 『中国農村慣行調査』の分
析を通して」（『歴史学研究』第 870 号、2010）は、民国期華北の農村社会にみられる、面
子意識に基づいた人間関係のありかたを分析した論文です。

阿Qの性格は変わることなく、ついには強盗犯として法廷に引き出され、群衆が楽しげに見物するなかで処刑される、という悲惨な最期をとげます。

「阿Q正伝」はこのように、誰とも関係を築くことができない人間を取り囲み、排除しようとする中国社会の様子をみごとに描き出しています。面子は、農村社会に暮らす人々にとって生死に関わることなのです。中国の民俗や社会規範から魯迅作品を読み解いた、**丸尾常喜『魯迅——「人」「鬼」の葛藤』**（岩波書店、1993）は、中国社会における面子の重要さを知るためにも注目すべき本です。

「中間人」の役割

農村社会で生きてゆくためには、自分だけでなく相手の面子にも気を配らなくてはいけません。しかしこうした人間関係には、やはり摩擦が生じます。そこで重要になるのが〈**中間人**〉、つまり仲介者、仲裁者です。商売事にしても、いさかい事にしても、両者の関係をうまくとりもって問題を解決にみちびく人物は、中国社会では非常に重宝されてきました[16]。

魯迅の小説にも中間人はたくさん出てきますが、ここでは「**離婚**」(1925) をとりあげます[17]。この作品では村の離婚騒動が描かれています。主人公の「愛姑」は夫から離縁を言い渡され、実家に帰されてしまうのですが、どうしても納得がいきません。やがて、この離婚問題は双方の家の争いにまで発展します。そこで町から名士の「七大人」を呼び、騒動を収めてもらうことにします。

さて愛姑は最初、七大人の前で一歩も引かず、役所に訴え出る覚悟だと、自分の言い分をながながと話します。しかし、これを聞いていた七

16　たとえば、筆者の知人で、杭州の日系企業で働くI氏によれば、現在の中国では農村戸籍の子供を都市の学校に入学させることができないため、農村出身者は中間人を通して校長に直接働きかけ、子供の入学を許可してもらうそうです。I氏の身近には実際にそうした人がいて、多額の礼金が必要になったとのことです。

17　翻訳は、魯迅『魯迅選集』第2巻（竹内好訳、岩波書店、1956）参照。

大人が突然大声を出すと、愛姑も急に黙り込んでしまい、七大人の言うままに、素直に離婚を承知するのです。これはなぜでしょうか。それは愛姑が七大人の権威に気づき、その面子を潰すことを恐れたからです。

　こうした仲裁は、当事者たちが中間人の面子を立てる形で問題が解決されます。よって中国の農村社会では、郷紳や宗族の長老など、信頼の厚い有力者がしばしば中間人になり、社会秩序を維持してきました。しかし、もし愛姑のような当事者が、中間人の調停にしたがわず、勝手にお上に訴え出れば、中間人

図 11-9　刑場に向かう阿 Q と見物人
（出典）肖振鳴編『豊子愷漫画魯迅小説集』102 頁、福建教育出版社、2001

の面子を潰してしまうことになります[18]。そうすれば当事者の社会的評判もガタ落ちになり、その面子は失われてしまうのです。よって愛姑は男性を立て、ものわかりのよい、規範から出ない女性を演じなくてはいけません。阿 Q と同じく愛姑も、社会規範を守らないでは農村で生きていくことができません。彼女は七大人の声でようやくそのことに気づいたのです。

　農村社会の明文化されていない、さまざまな規範意識を明らかにした本に、仁井田陞『中國の農村家族』（東京大学出版会、1952）があります。ここでは芝居のテキストや古典小説、魯迅の文学作品などを通して、農村にみられる規範意識が分析されています。すこし古い本ですが、現在

18　地元の中間人の裁定に不満な当事者が、公平な裁判を求め、地方長官などより高い面子と権威をもった裁定者の元に問題を持ち掛けることが、伝統中国ではしばしばみられてきました。これを「打官司」といい、その過程の詳細は、寺田浩明『中国法制史』（東京大学出版会、2018）で解説されています。

でもその価値は全く失われていません。

　では、このように中国社会で重要な行動規範とされてきた面子は、現代の農村ではどのようにみられるのでしょうか。

現代の農村と面子

　面子を重んじる農村社会の様子は、1949年の〈中華人民共和国〉建国後から現在にいたるまで、ほとんど変わっていないように見えます。確かにこの間、〈中国共産党〉の統治は農村の隅々にまで行き渡るようになり、郷紳もいなくなりました。しかし、農村では相変わらず、土地の有力者が自らの面子を保ちながらリーダーシップをとっていますし、そこに住む庶民も面子に気を配りながら生活しています[19]。

　たとえば首藤明和『中国の人治社会──もうひとつの文明として』（日本経済評論社、2003）は、中国東北地方の農村幹部の実態を、現地調査で明らかにしています。靴製造工場を経営していたある共産党員は、政府の面子を立てて、しぶしぶ村の〈党支部書記〉を引き受けました。しかしその後はリーダーとしての自分の面子を保つため、工場経営時代以来の個人的ネットワークを利用して、外部から資金をあつめたり、村内の人間関係を利用したりして、公共事業を進めていったといいます。

　一方、園田茂人『中国人の心理と行動』（NHKブックス、2001）は、日本との比較や都市でのケースなど、中国人の面子の有り様をさまざまに検証した本です。その中でも特に興味深いのは、〈福建省〉で起こった〈械闘〉、つまり村同士の武力衝突の事例です[20]。ある時、村の党支部書記

19　現在の農村で政治をおこなう有力者は、「村党支部書記」といいます。1980年以降に村の公共事業を進めたこうした人物は、村外に広がる個人的ネットワークから外部資源を動員する実力者タイプと、信頼に足る優れた人格により村人から資金を徴収する人格者タイプに区分されます。特に後者のように、自分と関係の薄い人々の利益まで考えて農民をひとつにまとめる有力者は、中国ではリーダーとして得難い存在とされてきました。田原史起「村の道づくり──中国農村の公共事業とリーダーシップ」（『アジア遊学』83号、2006.1）参照。

20　「械闘」は建国以前より商売の権利や、水や土地問題を巡って農村部のあちこちで起こっていました。また呉天明監督の映画『古井戸』（1987）には、1980年代の山西省農

の息子が外で用を足していたところ、対立関係にあった他村の人間が、車のライトでこれを照らしだしました。面子を潰されたと思った息子は、仲間を引き連れてその村を襲撃し、それが村同士の大規模な械闘にまで発展したといいます。

　また面子は有力者だけでなく、庶民のあいだにも大きな影響を与えています。**緒方宏海**「**農村女性の政治参加と宗族規範——中国山東省の宗族村落の事例を中心にして**」（『現代中国』第 91 号、2017）は、宗族規範が根強く残る〈山東省〉のとある農村を調査した論文です。この村では、「女性は男性を出し抜いて表舞台に出るべきでない」という規範が根強くあり、女性達は自分の面子を失うことを恐れて、政治に参加することに消極的だといいます。このように現在でも、面子は中国の農村社会から切り離すことができません。

　最後にひとつ、現代の農村を舞台にした映画を紹介しましょう。**張藝謀**（1950-）監督『**秋菊の物語**』（1992）は、農村女性の訴訟を扱った作品です。夫が暴行を受けたことにより、秋菊は村長を訴えるのですが、納得する結果が出ないため、〈郷〉から〈県〉、〈省〉へと、より上位の行政に訴えていきます。秋菊は夫思いで行動力のある女性です。しかしすでにみたように、こうした行為は村長にとっても、また村内で事件を収めようとした「中間人」の巡査にとっても、彼らの面子を潰すことにほかなりません。のちに村長は、秋菊の出産を助けて命の恩人となり、2 人は和解する雰囲気になります。しかしそこに、省から訴訟の結果が知らされ、村長はパトカーで公安局に連行されて

図 11-10　村長を見送る秋菊の表情。張藝謀監督『秋菊の物語』DVD（キングレコード、1992）

村を舞台に、水問題をめぐる械闘が描かれています。

映画は終わります。村長を見送る秋菊の、後悔と不安の入り混じった表情は印象的です。

　秋菊は、近代的な法律制度によれば正しい行いをしているのですが、農村に本来ある「不文律」の規範によれば、必ずしも正しい行いをしているとはいえません。恩人の村長を牢獄送りにした秋菊は、村内での面子を失ってしまうことになるでしょう。『秋菊の物語』はこのように、建国以前から変わらないまま、面子によって人間関係が決定される現代の農村社会を描いています[21]。

　以上みたように、面子は現代の中国社会でも重要な行動規範になっています。中国ではこうしてお互いの関係を築き、その社会秩序を維持しようとしてきました。その一方、魯迅の言う「精神勝利法」で面子を保つというありようも、現代の中国社会のあちこちでみてとることができます。

　しかしこうした面子へのこだわりは、中国にだけみられるわけではありません。日本の社会でも、似たような行動や人間関係はみられるのではないでしょうか。中国社会を映し鏡にして私達の社会を見返してみることも、また大切なことなのかもしれません。

21　1980 年代以降の映画から、その背後にある社会制度や社会状況を論じたものに、西澤治彦『中国映画の文化人類学』（風響社、1999）があります。ここでは映画『古井戸』に関する考察もなされています。

読んでみよう・調べてみよう！

1 魯迅の作品を読んで、登場人物の相関図を作ってみましょう

2 登場人物のあいだにどのような規範が働いているのか調べ報告しましょう

3 現代の文芸作品の中に面子がいかに現れているか調べ報告しましょう

第 12 章

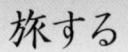

旅する

東西南北の風土、心の地図を開く

ウーロン茶の広告から

政治とは切り離された中国の姿が、日本のコマーシャルに登場したのは、1980年代半ばに売り出された、「サントリーのウーロン茶」の広告が最初かもしれません。水墨画のような〈桂林〉（広西チワン族自治区）の青々とした山を背景に佇む、まっすぐな黒髪と澄んだ瞳の青年男女。そこには、ゆるやかでレトロな中国がありました。

そもそも、〈烏龍茶〉自体、もとは〈福建省〉など、ごく限られた地域の飲み物であり、サントリーの商品化により、中国でもその名が知られるようになったといわれています。広告の中の中国もまた、「バブル経済」の全盛期を迎えた日本が求める、「癒し」のイメージであったのかもしれません。しかし、中国を移動し、旅を重ねると、日本にはない活気あふれる人々の姿、素朴な生活スタイルに出会い、自分の底で萎縮していた生きる力が湧き上がってくる、そんな体験を味わえることは確かです。

「10年の動乱」といわれる〈プロレタリア文化大革命〉（文革、1966-76）が終わり、そして民主化の夢が潰えた〈天安門事件〉（1989）の衝撃を経て、中国政府は経済成長を国の最大の目標に掲げました。1990年代半ばから猛烈なスピードで、高速道路や高速鉄道の建設が着手されました。都市と農村の格差は残りますが、全国をつなぐ交通網の発達により、人々の暮らしは均一化されつつあります。GDP世界第2位となった現在の中国では、クレジットカードを持たずに「スマホ決済」へ、ハイブリッド車を飛び越えて「電気自動車」へと、いまや社会変化の速度

は留まることを知りません。当然ながら、移動のスタイルも大きく変わりました。

　本章では、現代中国の新旧の変化に目を向けながら、日本の約26倍の国土を有するこの大地を移動し、旅する醍醐味を伝えたいと思います。

最初の鉄道旅行とゆで卵

　中国大陸を旅するのであれば、やはり960万平方キロメートルの広大な国土を縦横無尽に結ぶ、鉄道をお薦めします。まずは、高速鉄道が開通する以前、1990年代はじめの旅の体験から話してみましょう。

図12-1　中国の長距離列車
（撮影：中村みどり）

　当時、大学で中国語を学び、実際の中国に触れてみようと思い立った私と同級生は、「バックパッカー」のガイドブック決定版であった『**地球の歩き方**』**中国編**（地球の歩き方編集室）を抱え、夏休みのある日、首都の〈**北京**〉駅から、100キロ離れた隣の都市〈**天津**（てんしん）〉を目指して、列車に乗り込みました。

　中国の「火車（ホウチャ）」、すなわち長距離列車の席は、一般的に4つの等級、値段が高い順に並べると、「軟臥（なんが）」「硬臥（こうが）」「軟座（なんざ）」「硬座（こうざ）」に分かれています。文字からうかがえる通り、「臥」はベッド、「座」は座席を指し、一方、「軟」はシートの柔らかさ、「硬」

図12-2　北京の出稼ぎの饅頭（マントウ）屋
（撮影：中村みどり）

はシートの固さを意味します。コンパートメントタイプの「軟臥」「硬臥」は、それぞれ両側に2段ベッド、3段ベッドが並びます。最も値段の高い「軟臥」のみは、ドア付きで開閉が可能です。これに対して、オープンサロン式の「軟座」は、2人掛けソファが向かい合わせに設けられています。そして最も値段の安い「硬座」といえば、直角の背もたれが付いた、固い木製の椅子でした。

　今日なお、国土の端から端まで移動するのに、在来線では3泊4泊を要する中国では、懐に余裕がある人や政府関係者は「軟臥」、一般の人は「硬臥」を選びます。体力的には厳しいのですが、列車代を節約したい時や、ほかの座席が取れなければ、「硬座」で夜を越すことになります。「硬座」の下にはさらに「無座」、すなわち立ち席もあり、長時間の場合は、新聞紙を床に敷いてやり過ごすことになります。

　最大の祝日、〈**春節**〉（旧暦の正月）の時期には、人口14億人に近い中国人のほとんどが帰郷し、新年を家族と祝います。ところが〈**農民工**〉（農村からの出稼ぎ労働者）のなかには、「無座」さえも手に入らず、故郷に帰れない人が増え、社会問題の1つとなっています。

　さて、中国語のおぼつかなかった当時の私と友人は、唯一の外国人専用窓口を持つ旅行会社を通して、「軟座」の切符を購入しました。当時の中国のお金は、中国人用の〈**人民元**〉と、換算レートの高い外国人用 の〈**外貨兌換券**〉、この二本立てでした。鉄道や飛行機のチケット、観光施設の入場料なども、通常よりも高い外国人料金が設定されていました。学生である私たちでさえ、外国人扱い

図 12-3　旅先の市場で
（撮影：中村みどり）

でした。

やや緊張しながら乗り込んだ列車で、向かい側のシートに座ったのは、上品な老夫婦であり、私たちに親切に接してくれました。

お昼の時間になりました。長距離列車には食堂車もありますが、乗客の多くは食器や軽食を

図 12-4　車窓の外に広がる地平線
（撮影：中村みどり）

持参します。〈漢方医学〉の考え方から、体を冷やす飲食を好まない中国では、至る所に給湯器が設置されています。列車の中も例外ではなく、インスタントラーメンを食する風景がよく見られます。駅弁をこよなく愛する日本とは異なる、中国独自の鉄道文化といえるでしょう。

私たちも琺瑯のコップを取り出し、袋のインスタントラーメンを割って入れ、湯を注ぎました。向かい側の老夫婦は果物やおかずを分けてくれます。その好意がありがたく、私たちは一つひとつ口に入れていきました。そこで小さな事件が起きました。差し出されたゆで卵を食べたところ、飛び上がるほど塩辛かったのです。まさに目を白黒させながら、なんとか食べ終えました。あまりの辛さで、天津駅で降りてから、水を大量に飲んだものです。

後日それは、おかゆなどに刻んで入れる、「鹹蛋」（塩漬卵）という食べ物であることを知りました。もしかすると老夫婦は、この日本人たちはなんて塩辛いものが好きなのか、と逆に驚いていたのかもしれません。

中国の鉄道旅行の魅力について語った書籍は数多く、**関口知宏『中国鉄道大紀行——最長片道ルート 36,000km をゆく』**シリーズ（徳間書店、2007-08）[1]、世界各国の鉄道紀行文で知られる、**宮脇俊三『中国火車旅行』**

1　全4巻から成り、第1巻はチベットのラサ—桂林、第2巻は桂林—西安、第3巻は西安—瀋陽、第4巻は瀋陽—カシュガルの旅についてつづっています。また同シリーズのDVD版（NHK エンタープライズ、2008）もあります。

（角川文庫、1991）、**國吉一樹『一九八八年、僕が見た中国の素顔 火車・汽車・船の旅』**（文芸社、2017）があります。また日本の国策会社だった〈**南満洲鉄道株式会社**〉（「満鉄」）や、現在も東北地方に残る鉄道路線について取り上げた、**西澤泰彦『図説満鉄──「満洲」の巨人』**（増補新装版、河出書房新社、2015）も歴史を知る上で興味深い 1 冊です[2]。

内側から眺める中国

　日本の新幹線にあたる〈**高速鉄道**〉（〈**高鉄**〉）の車両が導入されたのは、〈**北京オリンピック**〉の前年、2007 年のことでした。北京―上海間の移動は、以前は約 12 時間かかったところ、現在では 5 時間まで短縮されました。逆の視点から眺めれば、それまでは列車内で過ごす時間は

図 12-5　トルファンの布市場
（撮影：中村みどり）

実に長く、スマートフォンも登場していなかったこの時代、娯楽といえば、周囲の人々との世間話でした。

　中国では、何でもよいので相手に話しかけることが、親しみを示すメッセージとなります。日常的に使われる挨拶、「ご飯、食べた？」（「你吃飯了嗎？」）にも表れており、相手との適度な距離を保つ日本のコミュニケーションの在り方とは、かなり異なります。それを深く実感したのは、1990 年半ばの北京留学中の夏休み、2 度目の列車旅行においてでした。

　今度は留学生宿舎のルームメイトと、3 週間をかけて、〈**少数民族**〉が居住する西の〈**シルクロード**〉から、南のいくつかの〈**自治区**〉をめぐる予定でした。出発時、北京から 2500 キロほど離れた〈**敦煌**〉（甘粛省）に向かう際、当初であれば 2 泊 3 日で着くところ、途中で事故があり、

2　同じ著者の『図説「満洲」都市物語』（増補改訂版、河出書房新社、2006）も参考となります。

列車が丸1日停まるというハプニングもありました。ただ、この頃の中国はのんびりしており、乗客で不満をいう人は見受けられませんでした。

　列車の窓の外は、西に向かうにつれて地平線が広がり、土の色が赤く変わっていきます。〈新疆ウイグル自治区〉にある、砂漠近くの都市〈吐魯番〉に降り立つと、違う文化圏が広がっていました。駅の表示が〈ウイグル文字〉と〈漢字〉で併記され、行き交う人々は明らかに〈漢族〉とは異なる顔だちです。さらに西に位置する自治区の区都〈烏魯木斉〉では、夜遅くになっても日が沈まず、国境近くの町に来たことを強く感じました。

　次に烏魯木斉から南下し、〈四川省〉の省都〈成都〉に向かう列車の「硬臥」に乗り込みました。約2900キロの移動、2泊3日の旅でした。向かい合わせになった3段ベッドのうち、1番下のベッドは人々のたまり場となり、自然と会話が生まれます。乗り合わせたのは、〈人民解放軍〉に勤務する夫の赴任地へと向かう女性たちとその子どもたち、そして母親が人民解放軍の芸術部に属する歌手だという〈ウイグル族〉の青年と、彼の友人である〈漢族〉の青年でした。

　1970年代末に〈改革開放〉路線が導入されてから、まだ10年あまりの時期ですから、中国に滞在する外国人の数は限られていました。同室の人たちにとって私たちは、「生まれて初めて会った日本人」でした。それも、〈抗日映画〉に登場する日本兵とは異なる、ごく普通の女子学生であり、興味の的になりました。何よりもまず、「資本主義」の国から来た人間として珍しがられ、「トヨタ」「ソニー」を会話の糸口とし、「シャンコウバイホイ」（山口百恵）「ガオツァンジェン」（高倉健）で盛り上がり、日本人の日常生活から給料の額まで、実にさまざまな質問

図12-6　1990年代「硬臥」でのおしゃべり
（撮影：中村みどり）

が寄せられました。最後には、私たちが臨時の教師となり、日本語教室が開かれることにまでなったのでした。

　あのように多くの人の熱いまなざしに囲まれるのは、人生で最初で最後の体験かもしれません。今でも目にはっきりと浮かぶのは、1人の少女が「こんにちは」の音を、中国語「口里有青蛙」（コオリイヨウチインワア）（「口の中に青蛙がいる」という意味）に当てはめ、無邪気に笑い転げていた光景です。

　今でこそ、中国の都市部の人々は豊かになり、近年日本へ個人旅行で訪れる人も多くなりました。ですが隣国への興味は、突然生まれたわけではありません。〈日清戦争〉（1894-95）や〈日中戦争〉（1937-45）の傷痕（きずあと）をはさみながらも、はるか昔から一般の人々のあいだでは、「近くて遠い」日本に対する素朴な好奇心が共有され続けてきたように思われます。それは公式のメディアには表れませんが、中国の日常の中で人々のあいだに身を置くと、往々にして感じることです。

　その後、ウイグル族の青年たちと、〈成都〉（せいと）を一緒に観光することになりました。〈イスラム教〉の教えで豚肉を食べることができないため、本場〈四川省〉の「麻婆豆腐」（マーボー）を注文できなかったことを覚えています。彼らとの出会いから、〈多民族国家〉中国の姿を垣間見ることができたような気がします。

　やはり旅をするには、片言でもよいので中国語ができたほうが、人々との交流を楽しめます。言葉に不安がある時には、麻生晴一郎『旅の指さし会話帳 中国語』（第3版、情報センター出版局、2009）、『ひとり歩きの会話集　中国語』（JTBパブリッシング、2009）を持参すると心強いでしょう。東西文化の交流拠点であった、シルクロード一帯の文化に興味がある人は、田中信義『シルクロード歴史紀行──砂漠の彼方 遺跡と辺境へ』（ロングセラーズ、2010）、桑野淳一『中国、景教の故地を歩く──消えた十字架の謎を追う旅』（彩流社、2014）などの紀行文があります。また昭和を代表する2人の作家の対談兼紀行文、井上靖・司馬遼太郎『西域をゆく』（いき）（文春文庫、1998）や、〈モンゴル〉や〈西域〉（中央アジア）を舞台とした歴史小説、井上靖『蒼き狼』（あお）（新潮文庫、1954）、『敦煌』（新潮

文庫、1965）をぜひ手に取ってみて下さい。『三国志』ファンには、遺跡めぐりを紹介する、**渡邉義浩・田中靖彦『世界歴史の旅——三国志の舞台』**（山川出版社、2004）などもあります。[3]

まずは近距離の移動から

旅の手段として長距離列車を紹介しましたが、いきなり列車に乗るのは、とためらう人は、まずは一都市を地下鉄でめぐることから始めてみて下さい。

2千万人以上の人口を抱える北京や上海など大都市では、2008年の〈北京オリンピック〉と2010年の〈上海万博〉を境に、

図 12-7　地下鉄の券売機
（撮影：中村みどり）

地下鉄の路線が一気に延長されました。例えば、「上海ディズニーランド」は、以前であれば郊外と見なされた場所にありますが、いまや地下鉄に乗れば市の中心から気軽に出かけることができます。〈**大連**〉、〈**青島**〉、〈**杭州**〉など中規模の地方都市、そして内陸部の成都や〈**重慶**〉、〈**長沙**〉

でも、次々と路線が増えています。もし数日間その都市に滞在するのであれば、地下鉄とバス共通の「IC交通カード」を購入すると便利です。

日本と異なる点としては、中国では長距離列車のみならず、地下鉄の改札にも荷物検査機が置かれ、〈**安全検査**〉（〈**安検**〉）

図 12-8　路線バスのなか
（撮影：中村みどり）

3　中国の古代遺跡や碑に興味がある人は、横田恭三『中国文字文化の旅』（芸術新聞社、2010）、吉村信『中国遺跡博物館探訪二十年』（大一印刷株式会社、2016）を読んでみて下さい。

を受けなければなりません。首都北京を中心とした北方では、乗客も真面目に自ら荷物を差し出すのですが、南方では、乗客がいかにも出稼ぎ労働者らしい荷物検査員を無視して、さっと通り抜ける姿をしばしば目にします。ここにも、中国各地の気質や、「官」と「民」の力のバランスの違いが表れており、興味は尽きません。車内では、茶髪にピアスの若者、スマートフォンの動画に夢中な人など、日本とよく似た光景が広がり、いまどきの中国社会を観察することもできます。

　そのほか、さらにローカルな乗り物として、路線バスの利用があります。地域を問わずに発達し、しかも地下鉄よりも安い料金のため、庶民の足となっています。ただし、車内アナウンスが徹底している訳ではないので、多少の中国語が理解できた方がよいでしょう。

　バスの良さは、何といっても、車窓から街中の景色を眺められることです。ベランダに植木鉢や洗濯物が並ぶ家、活気ある果物市場、制服を着た登下校の小学生たち、孫を抱きかかえたおじいさんなど、ガイドブックには書かれていない、ごく普通の人々の日常を目にすることができます。停留所を降りた後、地元のコンビニをのぞき、ぶらぶらと路地裏を歩きながら、庶民の生活をのぞいてみると、さまざまな発見があるはずです。地元民の目線に立った旅を目指すには、地下鉄およびバスの路線図も網羅した、「**アジア城市（まち）案内」制作委員会**『Tabisuru CHINA 自力旅游中国』（Kindle 版、2018、まちごとパブリッシング）が役立ちます。

　最後に、〈**高速鉄道**〉の乗り方についても補足しておきます。高速鉄道の座席は「商務」（ビジネス）、「一等」、「二等」に分かれています。列車の切符を予約、購入する際には、必ず身分証の番号が、外国人の場合はパスポートの旅券番号が必要で

図 12-9　高速鉄道「和諧号」
（撮影：中村みどり）

す。最近では、駅の窓口に並び切符を買うほか、鉄道チケット用のアプリを使った「ｅチケット」も普及してきました。高速鉄道の車内は、日本の新幹線とさほど変わりませんが、たこ焼きを食べてもクレームが寄せられる日本に比べると、もう少し自由で気楽な雰囲気です。

　本章ではメインに触れませんでしたが、〈台湾〉もまた、2007年に〈台北〉と〈高雄〉間を結ぶ高速鉄道が開通し、350キロをわずか約1時30分で移動することが可能となりました。近年では自転車で島をツーリングする、ゆるやかな1人旅が楽しまれており、台湾人の父を持つ歌手・作詞家、**一青妙**によるガイドブック、『「**環島**」——ぐるっと台湾一周の旅』（東洋経済新報社、2017）、『**わたしの台湾・東海岸**——「もう一つの台湾」をめぐる旅』（新潮社、2016）があります。今日の台湾社会の中で姿をとどめている、〈**日本統治時代**〉（1895-1945）の建築物を紹介する、**乃南アサ『美麗島紀行』**（集英社、2015）も興味深く手に取れると思います。[4]

IT化がもたらす豊かさと問題

　現在、IT化が進む中国では、レストラン、映画館、鉄道や飛行機の予約および支払いにおいて、アプリを使う機会が増えました。近年、急速に普及した「シェアバイク」もまた、座席の下にQRコードが付けられています。スマートフォンで読み取ると開錠し、自動的に個人の口座から決算される仕組みです。一定の場所に戻す必要はなく、好

図 12-10　路上のシェアバイク
（撮影：中村みどり）

4　王惠君・二村悟『図説台湾都市物語』（後藤治監修、河出書房新社、2010）、一青妙『台南「日本」に出会える街』（新潮社、2016）、乃南アサ『ビジュアル年表 台湾統治五十年』（講談社、2016）では、現在残る建築物を手がかりとし、台湾の日本統治時代を紹介しています。また前出の宮脇俊三にも、台湾鉄道旅行をつづった『台湾鉄路千公里』（角川文庫、1985）があります。

きな場所から乗り、気軽に好きなところで乗り捨てることができて、大変便利です。

しかしその反面、スマートフォンや決済用の口座を持っていなければ、スムーズに利用することはできません。困るのは、アプリを駆使できない人たちです。その中には、所得が低い人々、そして外国人旅行者も含まれます。

かつての中国では、〈社会主義〉政策のもと、人々はほぼ同レベルの生活を送り、社会の不便さも共有してきました。しかし、いまや経済成長を第一とし、利便性を追い求める社会の中で、その波に上手く乗り切れた人とそうでない人とのあいだでは、大きな格差が生じつつあります。そのひずみの壁は、年々高くなっています。

ごく最近のこと。天津から高速鉄道に乗り、〈山東省（さんとう）〉の省都〈済南（さいなん）〉まで、380 キロほどの距離を、わずか 2 時間で移動しました。快適な旅で気がゆるんでいたのですが、駅前のタクシー乗り場から市内の大学に行こうとしたところ、なんと雨の中で 2 時間も長蛇の列に並ぶ羽目になりました。アプリでの予約が優先されるのみならず、済南では地下鉄が未開通のため、タクシー利用者が多いことも原因であるので、IT 社会の中での弱者としての困難を、しみじみと味わう機会となりました。

現在、中国の大都市では、「スマホ決済」しか受け付けない飲食店さえも増えています。このような社会の変化を頭に入れながら、移動や旅行にのぞむ必要があります。**古畑康雄『「網民（ワンミン）」の反乱——ネットは中国を変えるか？』**（勉誠出版、2012）、**ふるまいよしこ『中国メディア戦争——ネット・中産階級・巨大企業』**（NHK 出版新書、2016）、**中島恵『なぜ中国人は財布を持たないのか』**（日本経済新聞出版社、2017）では、IT 化の進む中国社会の変化を現場からリポートしています。

インフラが行き届いていなかった時代は、快適な旅をするのは至難の業でした。駅の窓口に数時間並び、社会主義的なサービス、いわゆる窓口の不愛想な対応に耐えながら、切符を購入する必要がありました。また当時はダフ屋が多く、正規ルートで切符を購入し、ほっとして列車に

乗り込んだところ、同じ座席番号の切符を持った先客が座っていたことも少なくありません。ルールがあまり機能しない中国を移動するには、時間と気力、さらに体力が必要でしたが、それゆえ、人々のあいだには、どうしようもないことは受け流してしまおうという、和気藹々（わきあいあい）としたのんびりとした空気が流れていました。

　今の中国社会は、経済発展に伴い物質的には豊かになり、サービスのレベルも上がりました。一方で、物質至上主義の競争社会の中で、人々はしのぎ合い、ゆったりとした時間の流れは失われつつあります。都市開発の進む北京を舞台とした中国映画、哈斯朝魯（ハスチョロー）監督『胡同の理髪師（フートン）』(2006) の主人公は、高齢の現役の床屋です。周囲に流されることなく、敢えて古い家に住み、三輪自転車を乗り続ける彼の姿からは、むしろモノに束縛されない生活への矜持（きょうじ）と精神のゆたかさがうかがえます。

変わりつつある中国と変わらない中国と

　2010 年、友人に故郷の〈蘇州（そしゅう）〉（江蘇省）を案内してもらうため、北京から夜行列車に乗り込みました。軟臥のコンパートメントで、私に話しかける人はいませんでした。また 1 番下のベッドの青年も、誰とも一言も話さず、夜遅くまでノートパソコンに向かっていました。ほかの乗客が、以前のように、彼のベッドをおしゃべりの場として占領することもありませんでした。人々の生活の都市化に伴い、コミュニケーションのあり方も変わりつつあることを実感しました。

　大きく変わりつつある中国ですが、変わらないところも残っています。この広い国で 1 人生きていくのは、いくら社会が便利になったとはいえ、難しく、人と人とのつながりは、やはり日本以上に濃いようです。大変な時には、すっと人の手が伸びてきます。列車の荷棚へ重い荷物を載せようとした時、スマートフォンに夢中であった、無愛想な隣の男性が、さっと手伝ってくれました。車椅子の知り合いを空港バスに乗せて見送る際、突然私がやるからと、車椅子を畳んでバスに乗せてくれたおじさんがいました。高齢者に対しては、今の日本よりも中国の若い人の方が、

席を譲る率が高いように思われます。

　中国の面白さは、やはり東西南北の風土や文化、人々の生活スタイルが異なり、そしてまた、異なることが当たり前として受け止められていることでしょうか。古くは大正、昭和の文豪たちも、中国大陸を旅し、各地の風物を繊細な筆致で書き残しています。これらの紀行文は、千葉俊二編『**谷崎潤一郎　上海交遊記**』（みすず書房、2004）、山田俊治編『**芥川竜之介紀行文集**』（岩波文庫、2017）、立松和平編『**下駄で歩いた巴里──林芙美子紀行集**』（岩波文庫、2003）で読むことができます。また中国映画、**孫周**監督『**心の香り**』（1992）では、両親の離婚問題により〈広東〉に住む祖父に預けられる少年が、北京から列車に乗り込む姿を、**陳 凱 歌**監督『**北京ヴァイオリン**』（2002）では、〈江南〉（長江下流南部地域）に住むヴァイオリンの天賦の才能を持つ少年が、父親とともに北京駅に到着する姿を描いています。やがて 2 人の少年はそれぞれ南方と北方の生活、人々との出会いを通して成長していきます。

　異なるものを楽しみ、自分の世界を広げる、感覚の扉を開く。何よりも、隣国で喜怒哀楽に満ちた生活を送り、ささやかな幸福を願う普通の人々と触れ合うことにより、この国の広さと多様性が、私たちの心の地図と陸続きになる。このことこそが、中国を移動し、旅する醍醐味だといえるでしょう。

 # 読んでみよう・調べてみよう！

1 中国の各省、各都市への行き方とその歴史と特色について調べ
てみよう

2 日本の中国旅行ガイドブックと中国の日本旅行ガイドブックを
比較してみよう

3 中国社会の IT 化がもたらす変化の両面性について考えてみよ
う

第13章

つながる

SF 世界と IT 世界

台頭する中華系 SF

2010年代半ばから世界的に評価が高まり注目を集めている、中国の文芸ジャンルがあるのをご存知でしょうか。それは、「SF」（サイエンス・フィクション）です。この言葉は、ルクセンブルク生まれの米国の小説家、ヒューゴー・ガーンズバック（1884-1967）が、1929年に初めて使ったと言われています。

SF小説の定義は大変難しいのですが、小説の世界の中で私たちは、未知の力、「地球外生物」、「ロボット」、「タイムマシーン」等、不可能なことが可能になっている「驚異の世界」に遭遇します。そうした驚異、つまりは超越を認識することの象徴こそがSFの本質であり、このジャンルが放つ魅力の源だと言えるでしょう。これは「センス・オブ・ワンダー」と呼ばれ、SF小説はこれを描くことを目指しています[1]。『スター・ウォーズ』や『攻殻機動隊』というタイトルが出てくれば少しイメージしやすいでしょうか[2]。

中国とSF小説がどうも結びつかない、という方もいらっしゃるでしょう。どのように中国のSFが世界的な評価を得るようになったのか知りたいと思いませんか。

ここで中国生まれ、アメリカ育ちのSF作家、**ケン・リュウ**（Ken Liu,

1　SF小説に関しては、ジャック・ボドゥ『SF文学』（新島進訳、白水社、2011）が入門書としてとてもわかりやすいです。

2　『攻殻機動隊』は、1991年に出版された士郎正宗の漫画から、映画化、アニメ化もされています。それぞれどう異なるのか考えながら見るのも面白いです。

1976-）に登場願いましょう。中華系 SF 作家の代表格で、八面六臂（はちめんろっぴ）の活躍をしています。移民の家庭を優しい筆致で描いた「紙の動物園」などの短編小説で、多くの賞を獲得しました。短編集『紙の動物園』（古沢嘉通訳、早川書房、2015）は、2016 年に日本で最も売れた SF 小説作品集です。

　ケン・リュウは同時に翻訳者としても活躍し、中国作家の書いた作品を紹介しています。中国の SF 作家、劉慈欣（りゅうじきん）（1963-）の『三体』は、2015 年に中国の SF 作品として初めて、世界的な賞である「ヒューゴー賞」長編部門を受賞しました。[3] また郝景芳（かくけいほう）(1984-)の「折りたたみ北京」（原題「北京折疊」）も中短編小説部門でヒューゴー賞を受賞し

図 12-1　ケン・リュウ『紙の動物園』

ました。また、中国出身の作家のほかに、中国系移民家庭に生まれた、**テッド・チャン** (1967-) も活躍しています。短編集『**あなたの人生の物語**』（浅倉久志ほか訳、ハヤカワ文庫、2003）の表題作は、『**メッセージ**』（ドゥニ・ビルヌーブ監督、2016）として映画化されています。

　中国で SF 作家として有名なのは誰でしょうか。まず、四天王として知られる、**王晋康**（おうしんこう）(1948-)、**韓松**（かんしょう）(1965-)、**何夕**（かせき）(1971-)、そして劉慈欣がいます。2000 年代からはさらに、新たな若手 SF 作家たちが出てきています。**陳楸帆**（ちんしゅうはん）（スタンリー・チェン、1981-）、**夏笳**（かか）(1984-)、郝景芳などです。生まれた年に注目して見てください。1980 年代以降の生まれです。多くの若手の作家が出てきたことについて、インターネットでの創作ブームなどの背景も指摘されています。[4]

　3　ヒューゴー賞の「ヒューゴー」は、冒頭に紹介した、ヒューゴー・ガーンズバックに由来します。

　4　立原透耶「躍進する中華圏作家」（『SF マガジン』2017.6）に紹介があります。

　彼らが描く世界は、荒唐無稽というわけではありません。**郝景芳「折りたたみ北京」**を見てみましょう。作品の舞台は中国の首都〈北京〉ですが、現実の北京とは少し異なっています。人々は 3 つの階層に分けられ、それぞれ違うスペースに住んでいます。第一スペースには富裕層が、第二スペースには中産階級が、第三スペースには下層の人々が住んでいます。そして時間によって北京が折り畳まれ、スペースが入れ替わるのです。第三スペースに住む「老刀（ラオダオ）」という男が、知り合いの女の子の幼稚園の学費を稼ぐために、ほかのスペースへ手紙を届ける違法の仕事を請け負う、という話で

図 12-2　ケン・リュウ編『折りたたみ北京』

す。実際の中国でも待機児童や幼稚園の学費高騰は社会問題になっています。つまり、この小説は、どこか中国の生活にリンクしているのです。

　「折りたたみ北京」、もしくは中国 SF が気になった方は、ケン・リュウがアメリカで編集出版した、中国 SF のアンソロジー集『**折りたたみ北京──現代中国 SF アンソロジー**』（中原尚哉・大谷真弓・鳴庭真人訳、早川書房、2018）を是非読んでみてください。

近未来社会、中国（？）

　中国というとどんな光景を思い浮かべるでしょうか。

　筆者の子供の頃、1980 年代は、中国は〈自転車天国〉と言われていました。数え切れないほどの自転車が広い道を埋める、そんなイメージがありました。それから 40 年が過ぎようとしている今、中国は凄まじいスピードで発展を遂げ、大きく変わりました。

　冒頭に挙げた SF の話ですが、実際の中国社会もかなり追いついているように見えます。〈深圳（しんせん）〉という都市の発展から考えてみましょう。

深圳は元々は東京都ぐらいの広さに人口30万人が住む、寂れた漁村でした。東京都の人口が1350万人程度ですから、規模が小さかったことがお分かりでしょう。ですが、30年という月日のうちに、人口は1400万人を超え、〈**珠江デルタ**〉（中国南部、珠江の河口地域。深圳・広州・東莞など）と呼ばれる一帯まで入れると、4000万人を超える、〈**世界の工場**〉エリアとなりました。中心部は工場の街から「金融」や「イノベーション」の街へと変化を遂げつつあります。しかも人口の多くは若者が占め、65歳以上の人口比率はわずか2%に過ぎないと言われています。2014年には5号線までしかなかった地下鉄は、数年で11号線までに増えました。

日本でこんなに短期間で様変わりした都市があるでしょうか？「人類史上最速で成長する都市」というのもうなずける気がします。[5] 藤岡淳一『**ハードウェアのシリコンバレー深圳に学ぶ**』（インプレスR&D、2017）では、2001年に深圳に飛び込んだ著者によってその発展ぶりが描かれています。

都市の外観の変化とともに、人々の生活も大きく変化しています。中国に関する記事には、「スマホ決済」や「キャッシュレス」などの言葉が出てきます。お財布を持たない人が増え、道端の露店などでもスマホをかざしてQRコードを読み込んで支払いがされています。**中島恵『なぜ中国人は財布を持たないのか**』（日本経済新聞出版社、2017）では、キャッシュレス化などの社会の変化を中国の人々がいかに受け止めているかが書かれています。

メディアの変化、インターネットの急速な発展

中国の都市を歩けば、日本と同じように、多くの人がスマートフォンを持ち、そこから情報を得ています。スマホはすでに、一種の「インフ

---

5 高須正和「人類史上最速で成長する都市「深セン」で何が起きているのか」ダイヤモンドオンライン、2017年1月18日、http://diamond.jp/articles/-/114504、最終閲覧日：2018年8月10日。

ラ」にもなっている、と言えるでしょう。スマホの到来は前にも紹介したように、〈**インターネット**〉の発展によるものです。それは、どのように情報にアクセスするか、ということと大きく関わっています。

　過去の中国において、人々が情報にいかにアクセスするかが、大きく変革したことがあります。2 つの例をあげましょう。20 世紀初頭頃の〈**清朝**〉末期と、1966 年に始まった〈**プロレタリア文化大革命**〉（略して「文革」）の時です。

　清朝末期には、上海に西洋からの印刷術が伝えられ、雑誌や新聞といった新たなメディアが生まれ、人々が新聞を毎日読む、という習慣が形作られました。**中野美代子・武田雅哉『世紀末中国のかわら版——絵入新聞『点石斎画報』の世界』**（福武書店、1989。中公文庫、1999）には、当時流行した絵入新聞について詳しく書かれています。また、文革時には、街中の壁や道路にびっしりと文字が書かれ、さながら街が掲示板になったかのようでした。**荒巻万佐行『1967 中国文化大革命』**（集広舎、2017）には、その様子を収めた貴重な写真が収録されています。

　メディアの変化をもたらしたインターネット、パソコン、スマートフォンが、中国でどのように普及したのかを、**山谷剛史『中国のインターネット史——ワールドワイドウェブからの独立』**（星海社新書、2015）を手掛かりに整理してみましょう。

　中国のインターネット第一世代は、1970 年代生まれ、特に文化大革命の記憶のない 70 年代後半（「75 後」）生まれの人たちです。日本では、同世代として誰がいるでしょうか。インターネットの世界では、76 年生まれの「2 ちゃんねる」のひろゆき氏、75 年生まれの「はてな」の近藤淳也氏らがいます。この世代は日本では IT 第三世代に当たります。中国のインターネット事情のスタートは、日本より少し遅かったのです。[6]

6　日本のインターネット史については、ばるぼら『教科書には載らないニッポンのインターネット歴史教科書』（翔泳社、2005）、ばるぼら・さやわか『僕たちのインターネット史』（亜紀書房、2017）が、1980 年代から 2017 年までについて詳しいです。

中国におけるパソコン・インターネットの普及

　中国の最初の国産パソコンは 1985 年に登場しましたが、大変高価で、庶民の手の届くものではありませんでした。90 年代前半には一部の教育機関や行政機関に導入されるようになりましたが、その頃はまだインターネットにつながっていませんでした。

　中国で一般向けのインターネット接続サービスが始まったのは 1994 年です。ただし全土で利用可能になるのは 97 年でした。ですが、全ての人がアクセスできたわけではなく、接続に手間がかかり、高価だといった問題がありました。

　そんな中国でどのようにネットが普及していったのでしょうか。皮肉なことに、2002 年に中国大陸で「SARS」（重症急性呼吸器症候群）が流行したことが契機とも指摘されています[7]。SARS の流行により、人々は外出を避けるようになり、家にいながら買い物など、インターネットの各種のサービスが注目されるようになりました。

　中国のインターネット利用者は、2002 年から 2005 年には 3300 万人から 1 億 1100 万人に増え、数で日本を上回ります。パソコンの価格が下がり、「オンラインゲーム」の流行により、若者たちがパソコンを使うようになりました。「ネットカフェ」も大学の近くなどにできました。筆者は、2005 年から 2008 年まで上海に留学しましたが、大学の裏にたくさん「網吧」（ネットカフェ）があり、昼夜を問わず、多くの人が出入りしていたのを覚えています。

　その後、2007 年から 2008 年に「中国株」

図 12-3　映画『狙った恋の落とし方。』DVD
（ビデオメーカー、2010）

　7　SARS に関しては、ベトナムで SARS と闘った医師を描いた、NHK 報道局取材班『世界を救った医師——SARS と闘い死んだカルロ・ウルバニの 27 日』（日本放送出版協会、2004）があります。

が高騰しました。馮小剛（フォン・シャオガン）監督の映画『狙った恋の落とし方。』(2008) は、一夜にして大金持ちになった中年男性の主人公が婚活する姿を描く、コメディ・ラブストーリーです。主人公は多くの女性とお見合いをしますが、その中に株のトレーダーが出てきます。お見合いの最中もノートパソコンは開いたまま、株の取引と婚活は似ていると話し、主人公を株と見立てて分析する様子は冷静そのもの。世相を反映したシーンと言えるでしょう。

　株の取引は一般的になり、株をやりたい人がパソコンをいじるようになっていきます。それまでのパソコンユーザーは、圧倒的に趣味や娯楽で使う人が多かったのですが、だんだんと中高年の、パソコンと縁遠かった層も巻き込んでいきます。この時期に上海に行くと、道端の小さな店先でも、客がいない時には、パソコンで株を見ているという光景をよく目にしました。バスの小型テレビで、「生活費で株をやらないように」という注意を喚起する番組を流していたのを覚えています。

ステイタスとしてのスマホからインフラとしてのスマホへ

　2008 年の北京オリンピックが終わり、中国の経済はうなぎのぼり、2009 年から 2011 年の期間には、インターネットユーザーが、全人口の 4 割を越えました。やがてスマホが、インターネットデバイスとしての主流を占め、ステイタスにもなっていきます。

　2014 年、中国のスマホ出荷台数は 4 億台を突破しました。同年、日本のスマホの出荷台数は、2500 万台程度、タブレットは 800 万台程度とされます。中国の人口は日本のほぼ十倍ですが、それを踏まえても、かなりの比率の人たちが持っていると言えるでしょう。

　普及し始めた頃は、Apple など外国製のものを使っている人が圧倒的に多かったのですが、現在は中国メーカーが幅を利かせています。今や世界の五大スマホメーカーのうち、3 つは、中国メーカーの「華為（ファーウェイ）」「小米（シャオミ）」「レノボ」です。[8]

8　華為、小米、レノボに関しては、高口康太『現代中国経営者列伝』（星海社新書、

ワン・ビン（王兵、1967-）監督のドキュメンタリー映画『苦い銭』(2016) は、〈農民工〉（農村からの出稼ぎ労働者）の姿を描いていますが、彼らも皆スマホを手にしています。連絡手段として、もしくは暇な時間に娯楽として画面を覗き込む姿を見ていると、中国におけるスマホの重要性が、ステイタスからインフラへと変化しているのを感じます。

図 12-4　映画『苦い銭』
（配給：ムヴィオラ）

インターネットによって変わりゆく中国

さて先日我が家に、「人類史上最速で成長する都市」深圳からお客様がきました。貿易の仕事をなさっているイタリア人のエンリコさんです。彼は（もちろん笑いを取るために）光り輝く、かの若き日の**毛沢東**（1893-1976）が描かれたお皿をお土産に持ってきてくれました。現在の〈国家主席〉、**習近平**（1953-）を描いたものは沢山あったが、毛沢東はなかなかなく、しかも高価だったとのこと。これも時勢でしょうか。

お土産を出した後に、スマホを充電器につなぎ、彼はこう言いました。「そういえば、深圳では現金を持って歩かなくなったなあ。便利だけど、スマホの電源がなくなるとどうしようもなくなるんよ」。彼はすでに「キャッシュレス世界」の住人であったのです。電源喪失を恐れるエンリコさんは、必ずモバイル充電器を持ち歩いています。

キャッシュレス社会になるには、支払う側がスマホを持っていることは当たり前ですが、支払わせる側にも相応の準備が必要です。こうした大きな文化の変化を支えているものとはなんでしょうか。まず中国の「IT 三大企業」を見てみましょう。つづいて若者たちの文化の変化について考えてみたいと思います。

2017）が面白いです。

中国 IT の三大企業

　世界的経済誌『フォーブス』の中国語版が発表した、2017 年の富豪ランキングを見てみましょう[9]。第 2 位に〈**テンセント**〉(騰訊)の**馬化騰**(ポニー・マー、1971-)、第 3 位に〈**アリババ**〉(阿里巴巴集団)の**馬雲**(ジャック・マー、1964-)、第 8 位に〈**百度**〉(バイドゥ)の**李彦宏**(ロビン・リー、1968-)がランクインしています。以上が中国の IT 三大企業です。

　〈**テンセント**〉は**馬化騰**が深圳で 1998 年に創業しました[10]。主にネット上のコミュニケーションツールやオンラインゲームを作っています。99 年にインターネットメッセージングサービス〈**QQ**〉をリリースし、大人気になります。2011 年には〈**WeChat**〉をリリースします。これは LINE やフェイスブックのメッセンジャーに近いコンセプトの中国版で、2016 年時点で 7 億人以上が使っています。また〈**WeChat Payment**〉(微信支付)を展開しています。これは冒頭で紹介した、キャッシュレス社会で多くの人が使用しているモバイル決済の方法です。

図 12-5　上海の朝食屋の支払い用 QR コード

　次に、〈**アリババ**〉を見てみましょう[11]。アリババは**馬雲**が 1999 年に〈**杭州**〉<ruby>杭州<rt>こうしゅう</rt></ruby>で創業しました。馬は落ちこぼれ学生でしたが、95 年に渡米し、ネットビジネスに出会い、帰

　9　http://www.forbeschina.com/review/list/002399.shtml

　10　「テンセントとはいかなる企業か？ 時価 22 兆円、ゲーム世界一、WeChat11 億人の脅威」、ビジネス＋ IT、2016 年 6 月 20 日、https://www.sbbit.jp/article/cont1/32290、最終閲覧日：2018 年 8 月 22 日。

　11　アリババに関しては、ふるまいよしこ『中国メディア戦争 —— ネット・中産階級・巨大企業』(NHK 出版新書、2016) が面白いです。

国して 4 年後にアリババを立ち上げました[12]。アリババは〈淘宝網〉というオンラインショッピングサイトで有名で、モバイル決済の〈**支付宝**〉（ALIPAY）を展開しています。キャッシュレス社会のモバイル決済の多くで、上記の「WeChat Payment」もしくは「ALIPAY」が使用されています。

3 つめの〈**百度**〉ですが、2000 年に北京で**李彦宏**により創業されました。2001 年に検索サイト「百度」を開設しています。

ネット小説の出現と流行

大学の教室で「最近面白い本を読みましたか？」と聞くと、日本人の学生が出版社から出ている本をあげる一方で、中国人の学生は少し違いました。どれも私の聞いたことのないタイトルをあげ、「ネット小説だ」というのです。1 人だけではありません。複数の中国人の学生が、「最近は小説と言えば、ネット小説ばかり読んでいます」というではありませんか[13]。

中国には多くのネット小説のサイトがあります。1 番有名なのは、〈**起点中文網**〉でしょう[14]。2002 年に開設され、中国国内で最大のネット小説サイトです。

サイトを開いてみると、ファンタジーや現実世界もの、SF、歴史などさまざまなジャンルがあること、すべてのジャンルでランキングが示されているのが目に入ります。毎日アップロードされる小説は、7 億字に上るとも言われます。また小説がどれも長く、短くても 100 万字以上あります。どうしてそんなに長いのかというと、無料なのは数十万字分で、続きが気になってきたところで課金されるシステムだからです。つまり小説を長く書けば書くほど、収入につながる、ということなのですね。

12　富坂聰「「数学 1 点」劣等生から奮起 ―― アリババ・馬雲」、WEDGE Infinity、2014 年 4 月 28 日、http://wedge.ismedia.jp/articles/-/3813、最終閲覧日：2018 年 8 月 22 日。

13　趙長天「インターネット時代の「青年文学」創作」（『アジア遊学』149 号、勉誠出版、2012）。

14　起点中文網：https://www.qidian.com

作品はファンタジーや〈武侠〉もの、歴史ものが多いようです。**無罪**という作者が書いた『**剣王朝**』は、〈**春秋戦国時代**〉を描いた武侠小説ですが、アニメ化もされて2018 年に日本でも放送となりました。[15]

中国における SNS と動画共有サイト

皆さんは日頃どんな「SNS」（ソーシャル・ネットワーキング・サービス）を使っていますか。「ツィッター」や「インスタグラム」、「フェイスブック」など…。動画共有サイトはどうでしょうか。「YouTube」や「ニコニコ動画」を使う人が多いでしょう。中国の SNS や動画共有サイトを紹介します。

©SWORD DYNASTY/IQIYI

図 12-6　『剣王朝』
（制作：EMT スクエアード）

「YouTube」が 2005 年に開設されてから、中国で類似サービスが立ち上がるのにはそう時間がかかりませんでした。〈土豆〉が代表格です。

2005 年、筆者は中国にいましたが、友人と不思議な会話をしたのを覚えています。大学院生の中国人の友人は私に、「ねえ、今週の「スマスマ」見た？」と尋ねました。私は驚愕しました。一体どうやって上海で、日本の今週の放送の番組を見るというのでしょう。「無理だよ。どうやって見るの？」そこで彼女は、「土豆」などの動画共有サイトに、日本で放送された番組が数日待てばアップされることを教えてくれたのです。実際に動画共有サイトを開いてみると、そこには、日本のドラマ、バラエティ、映画などが沢山アップされていました。しかもすべて中国語の字幕が付いていました。[16] よくよく見てみれば、アメリカの最新のドラマ

15　中国では、iQIYI.COM で 2017 年から動画配信がスタート、日本では MX テレビで2018 年 1 月から 3 月まで全 12 話が放送されました。

16　これはいわゆる「字幕組」と呼ばれる人たちです。日本のアニメやドラマなどがいかに見られていたかは、『中国動漫新人類』（遠藤誉、日経 BP 社、2008）が面白いです。

も映画も、何でもござれです。

　これに気づいた日本人ユーザーも、日本から中国の動画共有サービス
を使用するようになりました。しかし、2008 年後半にはこうしたサイ
トへの日本からのアクセスが遮断されました。おそらく日本のテレビ局
などから削除要求があったためでしょう。

　動画共有サイトの登場とほぼ同じくして、多くの人が SNS を使うよ
うになります。2005 年、中国の大学生たちがフェイスブックに類似し
たサービス、「校内網」を開設しました。現在では〈人人網〉という名
称になっています[17]。人人網は中国で SNS としては第 1 位のシェアで、
第 2 位として〈開心網〉があります[18]。

　そのほかに、中国版ツイッターとして〈**微博**〉があります。微博とは「マ
イクロブログ」の意味で、2 強サイトとして〈**新浪微博**〉と〈**騰訊微博**〉
とあります。いずれも発信力のある知識人が発言し、多くのユーザーを
獲得しました。

　ここできっと、読者の皆さんは、ツイッターやフェイスブックがなぜ
出てこないのだろうと疑問に思うかもしれません。そこにはある特殊な
理由があります。

ガラパゴス化する（？）中国

　中国のインターネットをめぐる環境や文化は日々変わり続けていま
す。中国政府はインターネットの世界に対し早くから注目し、その影響
力がテレビなどよりも強いこと、またネットユーザーたちが社会問題や
権利の問題などに反応していることなどを分析しています。

　2011 年に起きた〈**高速鉄道**〉（〈**高鉄**〉）の事故について聞いたことがあ
るでしょうか。この事故は、列車が追突・脱線し、車両が高架脇から宙
吊りになるというショッキングな事件でした。スマホを持っていた乗客
などは、現場を写真に撮り、微博で実況中継しました。政府の対応にも

17　人人網：http://www.renren.com
18　開心網：http://www.kaixin001.com

多く問題があり、微博で赤裸々に晒された
ため、大きな社会問題となりました。この
事件を契機に、中国政府は微博の規制に乗
り出します。実名登録を求め、「NG ワード」
によるフィルタリングを行い始めます。

　当時はツイッターやフェイスブックな
ど、国外のサービスを使う人たちも存在し
ていましたが、少数にすぎませんでした。
2008 年に起きた〈**チベット騒乱**〉、2009 年
に起きた〈**ウイグル騒乱**〉により、中国政
府はツイッター、フェイスブックなどの国
外の SNS への接続を遮断しました。2014

図 12-7　余華『中国では書けない中国の話』

年には「グーグル」が中国から撤退しました。作家の**余華**（よか）は『**中国では
書けない中国の話**』（河出書房新社、2017）で、中国人とインターネットと
の危うい関係を皮肉な筆致で書いています。

　習近平体制下では、さらにネットに対する規制が強くなっているとも
されています。中国は自由であったネット空間に壁を打ち立て、うちに
こもろうとしています。もちろん、裏技はあります。「グーグル」「フェ
イスブック」「ツイッター」「インスタグラム」に接続したい人は、「VPN」
（バーチャル・プライベート・ネットワーク、仮想専用線）サービスを使って壁
を突破しています[19]。

　2017 年 8 月、こんな記事が日本経済新聞に掲載されました。「自転車
シェア中国「モバイク」、日本で 10 ヶ所展開へ」[20]。中国の都市で道端に

　19　こうした状況は、皮肉なことに SF 小説作品を想起させます。ビッグ・ブラザーが
支配する世界を描く、ジョージ・オーウェル『一九八四年』（高橋和久訳、早川 epi 文庫、
2009）や、本が禁制品となり焼かれてしまう時代に、本に興味を持ってしまった男の運命
を描く、レイ・ブラッドベリ『華氏 451 度』（伊藤典夫訳、早川 SF 文庫、2014）は傑作です。
　20　「自転車シェア中国「モバイク」、日本で 10 ヶ所展開へ」、日本経済新聞、2017 年 8
月 22 日、https://www.nikkei.com/article/DGXLASDZ22HZZ_S7A820C1EA2000/、最終
閲覧日：2018 年 8 月 22 日。

自転車がたくさん並んでいるのを見たことがある人もいるでしょう。〈モバイク〉は中国の「シェア自転車」大手です。ALIPAY や Wechat Pay などを使っていれば、QR コードを読み取って十秒で使えるようになり、大変便利です。こうしたサービスが中国だけではなく、今後は日本でも展開されるようです。また中国では完全無人のコンビニができたという報道もありました。

　これからも IT をめぐる環境はどんどん変化し、中国の文化は変容していくでしょう。中国を訪れる際には、そうしたものにもぜひ触れて下さい。

 # 読んでみよう・調べてみよう！

1 本章で紹介されている中国の SF 小説を読み、欧米や日本の SF 小説とどのような共通点や相違点があるか調べてみよう

2 中国と日本のインターネットの発展について、関連する書籍を読み、比較してみよう

3 モバイル決済やシェア自転車など、中国のスマホを利用した生活事情の進展を調べたうえで、日本でも採用可能かどうか、そこにはどのようなメリットとリスクがあるか考えてみよう

調べる

ネット時代の調べもの術
情報の「うみ」を渡り、資料の「やま」に向き合う

ネット時代の調べもの

何かを調べる時、手始めにインターネットを利用する人がほとんどでしょう。Google をはじめとする〈**検索エンジン**〉でキーワード検索すれば、Wikipedia などの文字情報だけでなく、画像も見つけられます。YouTube などの動画サイトでは、映像や音源を見つけられることでしょう。「Google 先生」と呼ばれるほど、ネットには情報が溢れており、世界情勢から晩ごはんのレシピまで、知りたい情報に瞬時にアクセスすることができます。また、ChatGPT や DeepSeek などの生成 AI も便利です。

きっかけはさておき、何かを調べることは能動的な行為です。かつては図書館に足を運び、辞書や事典を引かなければわからなかったことが、ネット環境さえあれば、自宅に居ながらにして情報を得ることができる時代になりました。便利なものを活用しつつ、もう一歩踏み込んで、調べものをしてみませんか。

「ググる」（Google で調べる）だけでなく、〈**データベース**〉を活用すれば、調べものはより捗ることでしょう。それに加えて、〈**工具書**〉（辞書や目録）を活用する、従来の調べもの術も活用できれば、鬼に金棒です。

中国学の伝統的な調べものの仕方については、**潘樹広編纂『中国学レファレンス事典』**（凱風社、1988）があります。本章では、本シリーズの 1 冊目、**中国モダニズム研究会編『ドラゴン解剖学・登竜門の巻　中国現代文化 14 講』**（関西学院大学出版会、2014）でも触れた、〈**レファレンス情報**〉を補足しつつ、論文執筆や口頭発表の準備に役立つ中国関連の調べもののヒントとコツ、中国学のデータベースを紹介します。

ネット検索の基礎知識

調べものをする時は、目的を明らかにし、読者（あるいは聞き手）が誰かを考え、締め切りまでの時間、そして調べものに費やすことのできる「熱量」を、客観的に推し量ることが重要です。また発表時間や文字数を考慮することも大切です。効率よく調べるにはどうすればよいか、具体的に考えてみましょう。

情報へアクセスがしやすくなったいま、「ググる」こともせずに安易に情報を得ようとする人、あるいは知ろうともしない人には、ネットでは「ggrks」と辛辣なことばが浴びせられることもあります。広大なネットから効率的に情報を収集するためには、キーワード検索をするだけではなく、少し技を覚えておくとよいでしょう[1]。

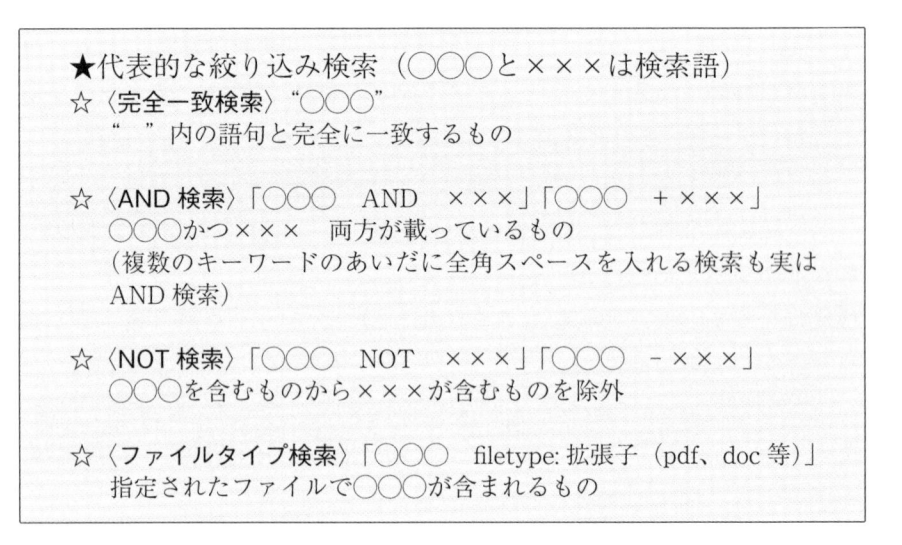

★代表的な絞り込み検索（○○○と×××は検索語）
☆〈完全一致検索〉"○○○"
　　"　"内の語句と完全に一致するもの

☆〈AND 検索〉「○○○　AND　×××」「○○○　＋×××」
　　○○○かつ×××　　両方が載っているもの
　　（複数のキーワードのあいだに全角スペースを入れる検索も実は
　　AND 検索）

☆〈NOT 検索〉「○○○　NOT　×××」「○○○　-×××」
　　○○○を含むものから×××が含むものを除外

☆〈ファイルタイプ検索〉「○○○　filetype: 拡張子（pdf、doc 等）」
　　指定されたファイルで○○○が含まれるもの

検索にひと工夫を加えるだけで、効率よく情報収集できます。「AND」や「NOT」は「論理演算子」と呼ばれ、SNS の検索や中国の検索エン

1　絞り込み検索には、OR 検索（○○○もしくは×××を含むもの）や、特定のドメイン内にあるものを対象にするもの、URL にキーワードが含まれるページを検索するものもあります。ネットでまとめ記事を検索してみましょう。

ジンでも利用できます。論理演算子を知らなくても、Googleならば、ホーム画面上の「設定」から「検索オプション」をクリックし、検索語を複数設定して検索するとよいでしょう。中国の検索エンジン〈**百度**〉ならば、「高級検索」が便利です。中国語の入力方法は、「中国語入力　スマホ」などで検索して調べましょう。

　中国に関する情報をインターネットで調べるときは、**21世紀中国総研「中国情報源リンク集」**が役立ちます。また、**外務省「中華人民共和国」**では日中関係の基本情報、**JETRO日本貿易振興会「中国」**では中国の基本情報からビジネス制度を調べることができます。

　ネットは便利ですが、万能ではありません。検索でヒットしないこともあります。また、巷間（こうかん）よく言われるように、ネットの記事は玉石混淆（ぎょくせきこんこう）です。〈**フェイクニュース**〉と呼ばれる虚報も少なくありません。ネットの情報は、誤報であっても訂正されるとは限りませんし、削除されて存在そのものがなかったことにされることもあります[2]。生成AIはネットから情報を収集し答えを導きますが、誤情報やアルゴリズムによる政治的偏向が入ることもあります。情報が氾濫（はんらん）するこの時代、情報を得るだけではなく、それが信頼できるかを考えてから活用する、〈**情報リテラシー**〉が問われるようになりました[3]。

　なにかを書くという行為は、全体から一部を切り取ることです。立場や考えによって、同じ題材でも書き方は変わります。また、同じ人でも時とともに意見が変わることもあります。ネット情報は、全文公開でもないかぎり、誰かによって取捨選択されたものです。発表者は何かを調べて発表する場合、情報の信憑性（しんぴょうせい）を確認しなければなりません。知識や

　2　ネット情報は削除されることがあるので、「スクリーンショット」をとり、保存しておきましょう。消えたネット情報を探す時は、「WARP　国立国会図書館インターネット資料収集保存事業」や「ウェブ魚拓」で検索しましょう。

　3　メディアの報道は、その情報に訂正があったとしても、周知されるとは限りません。日本における中国の食の安全に対する疑念を膨らませた「ダンボール肉まん事件」（2007）は、実際あった事件ではなく、中国の番組によるやらせだという説があります。この事件はワイドショーなどでセンセーショナルに取り上げられましたが、どれだけの人がやらせ説の存在を知ったかは不明です。

経験は情報分析に不可欠ですが、断片的な情報をつなぎあわせて、直感や憶測だけで判断すると、ものごとを見誤る可能性が高くなります。

　ウィキペディアの記事は、基本的な情報を急ぎ確認したい時には便利です。しかし、あなたという個人が何かを調べて発表するとき、ウィキペディアだけで調べものを終えてしまうのは残念なことです。考えてみてください。誰かの人生や事件の全容は、たった数行でまとめられるだけのものなのでしょうか。

　SNS からさまざまな情報を得ることができるようになりました。しかし、興味深い情報を入手しても、それを右から左に流すだけでは、人文学のレポートや論文としての評価は得られません。まして生成 AI のコピペ（丸写し）など言語道断です。あなたが調べたことが、「あなたの仕事」として認められるために、何をすべきかを考えてみましょう。

調べものをはじめよう──本を探そう

　効率よく調べるためには、テーマをはっきり決める必要があります。レポートや卒業論文のテーマを決めるには、あなたの好奇心を刺激するきっかけが必要かもしれません。

　本書とその姉妹編、**中国モダニズム研究会編『ドラゴン解剖学』**シリーズ（関西学院大学出版会、2014、2016）は、日本語で読める文献を中心に、執筆者が面白いと感じる、中国語圏に関する書籍を紹介しています。紹介された書籍を手にして読んでみてください。

　日本における中国研究には蓄積があり、古典文学をはじめ、中国書籍の翻訳が多く出版されています。出版社や書籍のシリーズ名で検索しま

　4　たとえば、「中国」と文庫レーベル名（「東洋文庫」「岩波文庫」「ちくま学芸文庫」「講談社学術文庫」など）や、シリーズ名（「あじあブックス」「東方選書」「汲古選書」「研文選書」「講談社選書メチエ」など）、出版社名（東方書店、大修館書店、研文出版、汲古書院、勉誠出版、中国文庫など）を AND 検索してみましょう。現代文学の翻訳は、「翻訳」と“現代文学選集”、“中国革命文学選”、“現代中国文学選集”、“台湾熱帯文学”、“季刊中国現代文学”、“中国現代文学”、“灯火”、“小説導熱体”などで完全一致検索してみてください。また、中国学の情報をまとめたサイト「中国古典籍情報」内の「中国古典叢書簡介」では、日本で刊行された中国学関連のシリーズのコンテンツを知ることができます。

しょう。⁴ また、honto や amazon などの書籍を取り扱うサイトでも、どんな本があるかを調べることができます。中国書籍専門書店のホームページでは、中国書だけでなく、国内書の検索もできます。⁵ まずは自分の関心やテーマに関する語をキーワードにして、探してみましょう。

　図書館の本は、〈蔵書検索〉(OPAC) を使って探すことができます。近くの図書館で本が見つからない場合は、〈**CiNii Books**〉で大学図書館の所蔵資料を、〈**国立国会図書館サーチ**〉で国立国会図書館および公共図書館の所蔵資料を調べてみましょう。

　大学図書館や公共図書館には、図書館利用者が研究や学習のために求めた情報や資料への問い合わせに対する、〈**レファレンスサービス**〉があります。学生をはじめとする利用者向けに、調べ方のノウハウや文献収集の方法をまとめているので探してみましょう。⁶「**国立国会図書館リサーチ・ナビ**」では、分野ごとに、どのような時にどのような文献を使って調べればよいかがまとめられています。

　近年、大学には図書館に加えて、「ラーニング・コモンズ」と呼ばれる、ネット環境が整った学習スペースが増えてきており、利用者の学習の便にあった情報を提供するスタッフも常駐しています。調べものの際に、司書やラーニング・アドバイザーに聞くのもひとつの方法です。利用時間外であったり、直接問い合わせるのが恥ずかしくても、できることはあります。〈**レファレンス協同データベース**〉で検索すれば、利用者の問い合わせに対する回答例を見ることができます。

先行研究とは？

　ふとした瞬間に「発見」をしたことはありませんか。世紀の大発見を

　5　本を探すとき、中国書籍専門書店のホームページの検索も活用しましょう。山田崇仁氏のホームページ「睡仁亭」の「中国書籍専門店 DB」は、日本の中国書籍専門店をまとめています。東方書店、内山書店、亜東書店、燎原書店、朋友書店、北九州中国書店などがあります。また、中国書はネット書店の書虫や上海学術書店でも検索・購入できます。
　6　京都大学図書館機構「文献収集の基礎」(最終閲覧日 2018 年 3 月 31 日) は、どのように考えて文献収集をすればよいのか、調べもののコツを端的にまとめています。

誰かに発表したい！　はやる気持ちはよくわかります。しかし、ちょっと待ってください。日本には1億2千万人以上の人がおり、また世界には70億以上の人がいます。私たちの「発見」の多くは、誰かがすでに指摘していることがほとんどなのです。

　なにかを読み、考え、ある事実を「発見」し、自分の力である結論にたどりつく。論文執筆の多くは、知的発見に対する喜びが原動力になっているものです。しかし、学術の世界では〈プライオリティ〉（先取権）が重視されます。すでに指摘されていることを自分の手柄にしてはいけない、という掟があるのです。

　自分よりも先に発表された論考を〈先行研究〉と呼びます。先行研究を集めて読み込み、成果と問題を整理して、研究課題を提示したうえで、自分なりの新たな知見を述べるのが〈学術論文〉です。論文では自分の意見と他人の意見をはっきり分けて書かなければなりません。

　一般に書籍や論文というものは、作品や資料を分析し、先行研究を踏まえて書かれています。論文には、論を展開するうえで参照した文献や論証の過程で引用した文献の書誌情報が、〈注釈〉や〈参考文献目録〉に明記されています[7]。これは、文献の情報や出典の情報を示すことで、論文執筆者が論証の根拠にした文献に、誰もがアクセスできるようにするためです。これによって、誰もが検証し反論することができる、〈反証可能性〉を担保しています。またこれは、論証が公正であること、プライオリティを明らかにするという意味もあります。

　先行研究はあることがらを考えるときに、どの文献に当たればよいかを教えてもくれます。先行研究が紹介する書籍や文献も読んでみましょう。「芋づる式」に世界が広がることでしょう。[8]

　7　書誌情報の書き方は分野によってさまざまですが、論文内や発表レジュメのなかで表記を統一させましょう。著者名「論文名」（『掲載誌名』巻号、出版年月）、著者名『書名』（出版社名、出版年）を挙げる方法、本文中に著者名（20XY）とした上で、参考文献目録に書誌情報を挙げる方法、があります。先行研究の書誌情報の挙げ方を参考にしてください。ネット情報は、著者名「記事名」（サイト名、URL、発表年月日、閲覧日）を書きましょう。なお、本章では紙幅の関係でURLなどを示していません。検索してください。
　8　研究対象が自分のテーマと同一の論考も大切ですが、方法論にも目を向けましょう。

学術書や論文は専門的なので、日本語でも難しく感じることもあるかもしれません。そんな時は〈書評〉を探してみましょう。書評は研究上の価値と課題を端的にまとめてくれています[9]。また、すぐれた翻訳にはすぐれた解説がついているものです。〈解題〉をあわせて読んでみることをおすすめします[10]。

書籍や論文を読むときは、書かれていることがすべて正しいと鵜呑みにしてはいけません。論理の展開は納得できるか、論証は信用できるか、「批判的」に読むようにしましょう。学術の世界では、客観的に見て何かの問題があることを論理的に指摘することは、糾弾や人格攻撃でない限り、大切なこととされます。「批判」とは、学問的知見に基づき客観的に価値判断をすることであり、必ずしもネガティブな意味を伴っていません。ほかに対する批評の眼は自分が文章を書くときにも役立ちます。

論文の探し方

論文検索には、〈**CiNii Article**〉（サイニー）を利用しましょう。サイニーでは、学会誌や大学紀要の学術論文を検索できます。〈**機関リポジトリ**〉として研究機関が公開しているものは閲覧も可能です[11]。

ただし、サイニーは単行本として刊行された論文集はヒットしませ

近接領域の論文にも参考にできる点があるはずです。

9　『中国研究月報』（一般社団法人中国研究所）、『現代中国』（日本現代中国学会）や、東方書店の情報誌『東方』には、書評が掲載されています。また、中国文芸研究会の機関誌『野草』には掲載論文に対する論評が「合評記」として次の号に掲載されています。

10　濱田麻矢訳『中国が愛を知ったころ —— 張愛玲短篇選』（岩波書店、2017）の「訳者あとがき」は作家研究に必要な情報が網羅されており、張愛玲という作家の魅力を知ることができます。ほかの作家を研究する際にも参考になるでしょう。大東和重・神谷まり子・城山拓也編『中国現代文学傑作セレクション —— 一九一〇 – 四〇年代のモダン・通俗・戦争』（勉誠出版、2018）に収録された「解説」も参考になります。

11　「J-STAGE」ではオンライン公開の雑誌掲載論文の PDF ファイルが閲覧できます。また「中国・アジア研究論文データベース」は、日本における人文・社会科学の研究成果の電子ファイルをアーカイブしています。閲覧可能な論文は今後拡充される見通しです。

多くの図書館は、予算と書庫スペースの関係で、大学紀要をはじめとする紙媒体の論文雑誌の受け入れを減らしています。電子ジャーナルはウェブ上で閲覧できて便利ですが、契約が切れると閲覧ができなくなります。

ん。一方、〈国立国会図書館サーチ〉では、単行本の論考も、ヒットすることがあります。あわせて検索してみましょう。

　気になる研究者を見つけた場合、〈researchmap〉（リサーチマップ）で検索してみるのもよいでしょう。その人が書いた学術書や論文以外にも、コラムなどのそのほかの業績を知ることもできます。

　雑誌の記事検索には、皓星社〈雑誌記事索引集成データベースざっさくプラス〉も便利です。利用は研究機関や一部の公共図書館などに限られますが、戦後の雑誌記事のデータベースである、国立国会図書館〈雑誌記事索引〉に加えて、戦前の総合雑誌や地方誌も収録の対象としており、現在もデータは増加しています。

　論文は当然のことながら、日本語で書かれたものがすべてではありません。〈Google Scholar〉は、日本語論文も検索できますが、英語をはじめ欧文論文を検索する際に役に立ちます。また、欧文文献を探す時に特に便利なのが、〈JSTOR〉です。これは非営利団体 JSTOR が提供する、学術論文の電子化データベースです。大学が契約していれば、PDF ファイルのダウンロードも可能です[13]。

　ネット上で閲覧できない場合は、サイニーなどで論文の掲載誌と掲載巻号と刊行年月を確認し、図書館で掲載雑誌の所蔵の有無を調べて、雑誌を探してみましょう。目当ての雑誌が図書館になくても、図書館の〈相互利用〉を使えば、資料の貸出や複写を請求することができます。

　データベースによる論文検索はピンポイントで調べたい論考を探すことができますが、少し注意が必要です。なぜならば、掲載誌の別のページに興味深い論考が掲載されていても、実際に雑誌を手にとらないかぎ

12　研究者の退職や古稀を記念した論集が、単行本として刊行されることがあります。“○○○先生退職記念”（退官や退休という場合もあります）や“○○○先生古稀記念”などで検索してみるとよいでしょう。なお、書籍に収録された論考は、雑誌の論文とは違い、著作権保護のため、単行本内で、その著者が執筆した頁数の二分の一までしか複写できません。

13　個人でもユーザー登録をすれば、Register & Read で閲覧本数などの制限付きですが、無料で閲覧できます。

り存在に気がつかないからです。雑誌を刊行している学会や研究会には[14]、ホームページに〈**論文目録**〉を作っているところもあります[15]。日本における中国学関係の学会には、「東方学会」、「日本中国学会」、「日本中国語学会」、「日本現代中国学会」、「中国社会文化学会」、「愛知大学現代中国学会」などがあります[16]。文学研究であれば、『**中国文学研究要覧**』（2冊。古典文学・近現代文学、日外アソシエーツ、2010）は、1978年から2007年までの日本における主要論文の目録です。

中国語文献を探そう

日本に中国研究に蓄積があるように、当然のことながら中国にも中国研究の膨大な蓄積があります[17]。中国語書籍を探す場合は、また前述の、中国書籍専門書店のホームページも参考になります。出版社が定期的に発行する図書目録を見てみるのもよいでしょう。国立国会図書館〈NDL OPAC〉や〈CiNii books〉、図書館のOPACで、人物や事件と、以下に挙げるキーワードに注目して検索してみるとよいでしょう[18]。

14　多くの学会は年会費を払えば、学会誌などの定期刊行物の頒布を受け、学術大会への参加ができるほか、機関誌への投稿権を得ることができます。学会によってはニュースレターなどで学会の情報を出しているところもあります。ただし、学会員にならなければ学会情報にアクセスできないわけではありません。公開されているものを調べてみましょう。学会がまとめる「展望」では、その学界の研究状況やホットな研究課題、その年の重要論文を知ることができます。

15　論文は「査読あり」と「査読なし」の二種類に分けられます。学会誌の多くは、編集委員会が組織され、投稿論文に対し匿名の専門家が審査する査読誌です。念のため補足しておきますが、「査読なし」の論文に価値がないわけではありません。大学の紀要は一般に査読はなく、学会誌であっても査読のないものもあります。権威のある学術雑誌に掲載されたものがえらいのではなく、論文はあくまで中身が勝負です。大学紀要だからこそ書けるものもありますし、同人誌のなかにも、興味深い内容が載ることもあります。

16　愛知大学現代中国学会の機関誌『中国21』は、愛知大学リポジトリで閲覧可能です。インデックスリストの現代中国学部から探してみましょう。

17　中国近現代史研究者の川島真氏のホームページ「川島真研究室」には、中国近現代史で参照すべき文献目録や辞典類がまとめられています。

18　中国現代文学では、情報が少し古くなりますが、中国文芸研究会編『原典で読む図説中国20世紀文学』（白帝社、1995）の巻末のリストが有用です。

〈○○○全集〉〈○○○選集〉〈○○○集〉
　個別の作品を読むためには、全集や選集を手にとってみましょう。[19]
〈版本〉（バージョン）によって内容が違うことがあるので要注意。

〈○○○研究資料〉〈○○○研究史料〉
　作家や作品研究に必要な情報が満載です。作家の年表、作品目録
のほか、作家に対する重要な批評などが収録されています。

〈○○○資料匯編〉〈○○○史料匯編〉〈○○○参考資料〉
　重要な事件に関しては、読むべき資料集がすでに刊行されていま
す。参照すべき重要文献が収録されています。

〈○○○年譜〉〈○○○長編年譜〉〈○○○年譜長編〉
　研究資料にも掲載されていることもありますが、より詳細な年譜
が刊行されている人物もいます。その人物の日記やその周辺の重
要な記事も収録されていることもあります。

〈○○○自伝〉〈○○○回想録〉
　自伝や回想録も重要な資料です。後に筆者が日記や記憶によって
書かれたものです。時代的な制約もあるため、書かれたことは
100% 正しいとは限らないので注意が必要です。

〈○○○書簡〉〈○○○書信〉
　書簡。手紙は一種の文学作品であり、歴史的史料です。現在まで残っ
ており、公開が可能なものに限られます。精読すると、作家や事
件について新たな情報があるかも。

〈○○○日記〉
　備忘録として綴られた日記資料。現存するもの、かつ公開可能な
ものに限られますが、人物の意外な一面やある時期の行動に迫れ
ることができるかもしれません。

〈○○○檔案資料〉
　「檔案」とは中国の政府・団体が分類・保存している文書のこと。
資料を読みこめば発見があるかもしれません。

19　中国では膨大な作品を書いているのに、種々の原因で、全集が刊行されていない人
もいます。作品集を探したり、作品が初めて掲載された雑誌を探してみましょう。

〈○○○大系〉
　『中国近代文学大系』など、大系にはその時代区分ごとの重要作品や論考が掲載されています。

〈○○○史〉
　文学史や教育など、分野ごとの歴史がまとめられています。近代・現代・当代の時代区分や省や都市ごとに編まれたものもあります。

〈○○○志〉〈○○○市志〉〈○○○県志〉
　地方志とは、地域の歴史や文物について記された資料を指します。政治、歴史、文学、教育、風俗、人物など、その都市や地方にまつわることがらが網羅されています（教育志や文学志）。中国人は昔からさまざまなことを記録しています。同じ書名でも清朝以前や中華民国期に刊行されたものもあれば、近年、刊行されたものもあります。必要に応じて、関連する省や市の地方志を見てみるのもよいでしょう。

〈○○○伝〉
　資料に基づき、ある人物の業績について研究者がまとめたものです。その生涯と評価を知ることができます。著者の目を通した記述ですので、二次資料になります。扱いには注意が必要です。

中国学の情報のうみへ──データベースで広がる世界

　1971 年に創設され、欧米の版権の切れた文学作品の全文を電子化する、電子図書館「プロジェクト・グーテンベルク」を嚆矢として、紙媒体の文献の〈**デジタル化**〉が世界中で進められています。史料のデジタル化や、コンピューターを活用した分析をおこなう、〈**デジタルヒューマニティーズ**〉（人文情報学）に対する注目も集っています。

　近年、研究を取り巻く環境は、複数の有用な〈**データベース**〉の構築によって劇的に変化しつつあります。[20]これまでは研究の蓄積、読書量をもとに、紙媒体の史料に首っ引きで集めていたデータが、データベース

20　デジタルデータを活用した研究は、各分野でさかんにその整備が行われています。国立歴史民俗博物館編『歴史研究と〈総合資料学〉』（吉川弘文館、2018）に詳しいです。
　史学の分野では学際的なコミュニティー Tokyo Digital History が精力的に活動をしています。

を活用すればごく短時間で収集できるようになりました。また閲覧が難しかった史料が、データベース上で簡単に閲覧できるようになってきました。

　日本でもデータベースが充実しつつあります。直接資料を閲覧できるものの代表として、〈国立国会図書館デジタルコレクション〉や、**国文学研究資料館〈新日本古典籍データベース〉**があります。コーパス（言語資料）や作品の全文検索が可能なものもあります。「ヨミダス歴史館」（読売新聞社）や「聞蔵Ⅱ」（朝日新聞社）など、新聞の記事もデータベースは全文検索の代表です[21]。

　中国学のデータベースもたくさんありますが、アクセス権を得るためには高額料金が必要なものが多く、利用できる図書館や研究施設はごく一部に限られています[22]。2018 年、東京大学の研究拠点が中国デジタル図書館国際協力計画に参加し、東京大学内のネットワークから、〈CADAL〉（China Academic Digital Associative Library）に収録されたデジタル資料が閲覧可能になりました。CADAL には、中国を中心とした270 万件以上の書籍や雑誌がデジタル化されています。

　中国学におけるデータベースの活用術については、**漢字文献情報処理研究会「デジタル時代の中国学レファレンス①」**（漢字文献情報処理研究会編『漢字文献情報処理研究』第 17 号、好文出版、2018.1）、「**東洋学論文検索指南**」（『漢字文献情報処理研究』第 15 号、好文出版、2016.1）、「もっと『**電脳中国学入門**』4　**中国学基本リソースガイド**」（『漢字文献情報処理研究』第 13 号、好文出版、2012.1）は必読文献です。中国学の用語解説に加え、データベースの利用方法を詳しく解説しています。また、**財団法人東洋文庫「現代中国研究資料室」**デジタルリソースリンク集は、リンク切れがあるもの

21　中国の新聞の多くはホームページで電子版を配信しており、過去記事が検索できます。『人民日報』や『光明日報』、民国期の新聞『申報』や『大公報』は、記事の全文検索ができるデータベースがありますが、高額の契約料金が必要です。

22　日本では東方書店や凱希メディア・サービスが中国のデータベースを扱っています。東方書店のホームページ内の「電子商品」には、「愛如生」など、同社が扱っているデータベースの概要がまとめられています。

の、有用なものを紹介しています。

　以下、無料で利用できるものを中心にデータベースを紹介します。

> ## 東京大学東洋文化研究所「データベース」
> 　同研究所所蔵の漢籍のアーカイブ「貴重漢籍善本全文画像」や「倉石武四郎博士講義ノートデジタルアーカイブ」をはじめ、タイ、インド、エジプト関連の史料データベースも。
>
> ## 京都大学東アジア人文情報学研究センター「データベース」
> 　同センター所蔵の貴重な史料の画像が閲覧できる。
> 「全国漢籍データベース」や「拓本文字データベース」など。
>
> ## 国立公文書館デジタルアーカイブ
> 　内閣文庫の漢籍が閲覧できる。
>
> ## アジア経済研究所デジタルアーカイブ
> 　日本貿易振興機構（ジェトロ）アジア経済研究所所蔵の貴重史料「近現代アジアのなかの日本」は、南満洲鉄道株式会社関連資料をはじめ、戦中・戦前期に日本の各機関がアジアで発行した雑誌が閲覧できる。
>
> ## 東洋文庫貴重書アーカイブ
> 　シルクロード関連文献史料として著名な貴重書が閲覧ができる。

> ## 論文検索[23]
> 　中国語文献を検索して本文が見られないときは、CiNii books などで掲載誌が日本国内に所蔵されていないかを確認しましょう。
>
> 中国（簡体字）
> 〈CNKI 中国知網〉[24]

　23　中国語論文の探し方は、国立国会図書館リサーチ・ナビ「雑誌記事・論文：中国・台湾・香港・マカオ」にまとめられています。

　24　CNKI にはスマホアプリ「手機知網」があり、無料で論文検索が可能です。ただし、論文の閲覧には、中国の携帯電話と銀行口座を登録する必要があります。

論文の検索は無料。ネット上での閲覧には利用制限があります。
国会図書館や一部の大学図書館で利用可能。ただし、CNKI は学術雑誌以外の雑誌も対象であるため、検索語によっては膨大な数の文献がヒットするので、"下載"（ダウンロード数）や"被引"（被引用件数）を参考にしよう。CNKI の古い論文はその後、単行本に収録されているものもあります。同じ著者の学術書がないか探してみましょう。

〈文津捜索〉
中国国家図書館所蔵文献のほか、同館契約の学術雑誌の論文が検索可能。

〈CALIS 聯合目録公共検索系統〉
中国高等教育文献保障系統（CALIS China Academic Library & Informaiton System）こと、中国の大学図書館ネットワーク。大学図書館の図書検索。

台湾（繁体字）
〈經典人文學刊庫〉
台湾中央研究院作成の台湾の人文学系の刊行物のデータベース。全文検索は無料。研究機関が利用契約をしていれば電子版の閲覧が可能。

〈全国圖書書目資訊網〉
国立中正大学作成の台湾の大学図書館所蔵図書のデータベース。

香港（繁体字）
〈香港中文期刊論文索引〉
香港中文大学大学図書館のデータベース。
香港で出版された中国語雑誌と英語雑誌の論文検索。

〈HKALL〉（港書網）
香港の大学図書館の総合目録データベース。

25　利用できる環境であれば、中国人民大学「復印報刊資料」もあわせて活用しましょう。重要度の高い論文が集められています。

デジタル画像

〈抗日戦争与近代中日関係文献数拠平台〉（簡体字）
　　中国近現代史のデータベース。檔案資料、新聞、雑誌、書籍など
　　1949年以前の文献が1000万頁以上閲覧できる。
〈臺灣華文電子書庫〉（繁体字）
　　台湾国家図書館作成の電子書籍データベース。
〈數位典蔵服務網〉（繁体字）
　　台中図書館が所蔵するデジタル資料のデータベース。
〈日治時期期刊影像系統〉（繁体字）
〈日治時期図書全文影像系統〉（繁体字）
　　国立台湾図書館作成の日本統治時代図書資料データベース。

テキスト検索・全文データ

〈中國哲学書電子化計畫〉（繁体字）
　　出土文献から諸氏百家、字書や白話小説まで全文検索。
台湾中央研究院〈漢籍電子文献〉（繁体字）
　　古典籍、二十四史などの用例検索が可能（一部有料）。
金陵図書館〈詩詞鑑賞〉（簡体字）
　　『詩経』から近現代の詩詞の全文検索。詞句の注釈と現代中国語訳。
〈SAT 大蔵経 DB〉
　　仏典の『大正新脩大藏経』の全文検索。
〈古今図書集成全文資料庫〉
　　中国最大の類書（百科事典）[26]である『古今図書集成』の全文検索。
〈開放文學〉（繁体字）
　　中国古典小説の全文データが閲覧できる。
〈北京大学中国語言学研究中心語料庫〉（コーパス）（簡体字）
　　現代漢語と古代漢語の用例が検索できる。
　　用例の前後の文も見ることができる。出典の著者と作品名がわか
　　るが、版本が注記されていないので注意。
〈中央研究院平衡語料庫〉（コーパス）（繁体字）
　　500万語の言語資料。文章の種類、文体、発表媒体、分野の指定
　　検索ができる。また、検索結果の文の品詞分析も知ることができる。

26　類書については、『月刊しにか』1998年9月号（大修館書店）の「特集　中国の百
科全書の歴史・その活用法」を読んでみよう。

　中国の図書館や「檔案館」（公文書館）では、資料のデジタル化が進められています。**上海図書館近代文献閲覧室**は、同館所蔵資料のデジタル画像のデータベースが便利ですが、図書館外部には公開されていません。

　中国現代文学であれば、〈**大成老旧書期刊全文数拠庫**〉が有用ですが、京都大学など一部の研究機関でしか利用できません。山東師範大学は現在、全文検索可能なデータベース〈**中国近現代文学期刊全文数拠庫**〉を作成中といいます。利用環境の制限さえクリアーできれば、データベースの構築により、今後研究はますます進むことでしょう。[27]

中国語を読もう——正確に読むために

「ICT」（情報通信技術、Informatiaon and Communication Technology）の発展は著<ruby>著<rt>いちじる</rt></ruby>しく、ネットやスマホアプリで外国語が翻訳できるようになりました。「Google 翻訳」は、音声入力の精度があがり、またカメラで写真を撮ることで瞬時に翻訳をしてくれるなど、使いやすくなっています。

現在、中国語翻訳はまだ発展途上の段階にあります。ただ Chat GPT など生成 AI の翻訳の進歩は著しく、複雑な中国語でなければ、文の大意をつかめるようになってきています。しかし翻訳というものには誤訳がつきものです。また、常にツールが活用できる環境にいるとは限りません。便利なツールを過信せず、間違いに気づくことができる語学力が、これからの時代、さらに重要になってきます。持てる道具と知識をフル活用して、中国語の読解力を高めてゆきましょう。

中国語の単語は〈<ruby>実詞<rt>じつし</rt></ruby>〉と〈<ruby>虚詞<rt>きょし</rt></ruby>〉に大別できます。実詞とは、中国語学の専門用語で名詞、動詞、形容詞を包括したものです。単語を見て、比較的イメージしやすいものです。ただし、日中同型語のなかには日本語と中国語のあいだに意味のズレがあるものもあるので油断は禁物です。

一方、虚詞とは、中国語学の専門用語で、副詞や接続詞など、文法的な役割を果たす語を指します。中国語の読解には、**<ruby>伊地知善継<rt>いぢちよしつぐ</rt></ruby>編『白水社中国語辞典』**（白水社、2002）をはじめとする中型の中日辞書を繰り返し引き、時には引き比べましょう。[28] 辞書には〈**語釈**〉（単語の意味の解釈）だけでなく、〈**用例**〉が載せられています。調べた中国語をただ日本語に置き換えるのではなく、自分が調べた語が文のなかでどのように使われているか、またその語が用例のなかでどのように使われているかをよ

27　東京大学、早稲田大学、関西大学など、中国学のデータベースが充実している大学もあります。データベースは研究機関内で同時アクセスの制限があるものもあります。

28　インターネットの Weblio の中国語辞典は『白水社中国語辞典』の語釈や用例です。紙媒体の中国語辞典の多くはピンインで配列されています。ピンインがわからない場合は、部首索引、総画索引、音訓索引などの索引を使いましょう。索引を引くのが手間な人は、ネットで「○○○　中国語　発音」「○○○　簡体字　発音」で検索してみよう。

く分析しましょう。現代中国語の虚詞の用法については、**呂叔湘主編・牛島徳次・菱沼 透 訳『中国語文法用例辞典』**（東方書店、2003）が定番の文法書です。

　読解には中国語で書かれた辞書も大きな力になります。**『新華字典』**（第11版、商務印書館、2011）は、漢字の意味を知る字典の定番です。中中辞典の定番は**『現代漢語詞典』**（第7版、商務印書館、2016）です。古い文献を読む際は、大型の**『漢語大詞典』**（全12巻〔12巻22冊本〕、漢語大詞典出版社、1986-94〔2001〕）を引きましょう。[29]

　語の意味を調べることも重要ですが、文の構造を考えることも重要です。中国語の基本的な語順は、「主語＋動詞＋目的語」ですが、動詞＋目的語構造は、主語や述語の一部（目的語）にもなります。一文のなかで、主語や述語の〈**中心語**〉〔被修飾語〕を探し、文の骨組みをとらえましょう。

　文のなかには動詞が複数出てくるものがあります。ひとつの主語に対して複数の動詞がつづく連動文は例外ですが、一文においてメインの述語となる動詞は、基本的に1つです。〈**定語**〉〔連体修飾語〕を作る"的"や、〈**状語**〉〔連用修飾語〕を作る"地"、動詞の後ろにおかれるアスペクト助詞の"了"や"過"などは、文の構造を考える上で参考になります。読解力を高めるには多読と精読が必要です。**三潴正道『論説体中国語読解力養成講座』**（東方書店、2010）で経験を積みましょう。

　文の構造を把握するためには、当然のことながら、中国語文法の知識が必要です。〈**東京外国語大学言語モジュール**〉の「**中国語モジュール**」は、初学者も既習者も、簡にして要を得た説明で、文法のルールを学ぶことができます。より深く中国語を知るには文法書を読みましょう。**荒川清秀『一歩すすんだ中国語文法』**（大修館書店、2003）、**輿水優・島田亜実『中**

　29　『漢語大詞典』は辞書編纂時に判明している時代ごとの語釈が用例とともに載せられています。いつの時代の語釈か注意するようにしましょう。現代語の語釈は新しい用例であることがあり、その場合、何百年前の文献で同じ意味にはとることはできません。

　この辞典は大部な上に、部首ごとに語が配列されているため、慣れないと語を引きづらいかもしれません。そんなときは、梅維恒編『漢語大詞典詞目音序索引』（漢語大詞典出版社、2003）も利用しましょう。ピンインで何巻何頁にあるかを調べることができます。

国語わかる文法』（大修館書店、2009）などを読んでみましょう。

　現代中国語の文章であっても、古典文章語である〈文言〉が用いられることがあります。特に文学系の研究論文には、文言を駆使した格調高いものが多いです。日本では昔から中国語を日本語に変換する、〈訓読〉という手法で中国語文献を読んできました。漢文訓読の知識も、文の構造の理解につながります[30]。

　紙の辞書は、外国語文献の読解に必要不可欠のものでした。しかし、情報がどんどん更新される昨今にあっては、紙の辞書だけではわからないものもあります[31]。辞書に収録されていない新語や流行語、ネットスラングは、ウェブの方が調べがつきます。学術用語の意味を調べるときは、〈CNKI 翻訳助手〉を活用しましょう。また、本章はウィキペディアについて批判的に書いてきましたが、ウィキペディアの他言語版のページは有用です。中文や English のページを比較すれば、用語の呼称の違い、文芸批評用語の訳語を知ることができます。

　紙の辞書とネットの辞書には、どちらも長所と短所があります。電子辞書も便利ですが、ネットの辞書と同様にひと目で見られる情報量が限られています。どこまでが一語かわからない場合は、〈百度〉などでネット検索をかけ、用例を調べてみるのもよいでしょう。さまざまなものを活用しつつ、中国語で書かれた文章の正確な意味を読み解きましょう。中国語の読解力は一朝一夕では身につきませんが、工具書を駆使しながら、文章の構造に意識して読むようにすると、読解力は必ず向上します[32]。

　30　漢和辞典は古典を読むときに力になります。鈴木健一編『漢文のルール』（笠間書院、2018）などの入門書をはじめ、『全訳漢辞海』（第四版、三省堂、2016）の句法解説も参考になります。漢文力の向上には、書き下し文を多く読むことが遠回りのようで近道です。

　31　インターネットの辞書に「漢辞網」があります。また、百度などで「○○　意思」（“意思”は意味）で検索してみましょう。

　32　日本語に翻訳した際に、日本語として意味が通じない文章になっている場合、それが誤訳である可能性は高いです。意味が通じるように適当に直すのではなく、文法的に解釈ができるように考えましょう。

一次資料にあたろう

　分野によって書き方はさまざまですが、論文というものは、大枠では序論、本論、結論で構成されます。なかでも論の展開は概ね、仮説（問題提起）、論証（引用）、考察（分析）、結論、そして新たな仮説へ、といったいくつものサイクルで構成されているものです。そして、文献を引用して翻訳する箇所は、論証の核となります。そこに誤訳があれば論拠ががらがらと音をたてて崩れてしまうことにもなりかねません。

　論文はどうしても見ることができないもの以外、「孫引き」（引用されたものをさらに引用すること）を避けます。きっちり「原典」にあたり、一字一句間違えずに正確に引用しましょう。日本語でも助詞が一字違うだけで意味が変わることがあるように、中国語も一字違うだけで意味が大きく変わることがあります。出典情報を踏まえて、紙媒体のテキストを探し、原文をしっかり確認をするようにしましょう。

　中学校や高校の古文の授業で、「本歌取り」という技法を習った方も多いと思います。歌に古歌の語句を取り込んで連想させることで、重層的なふくらみをもたせる技法です。中国語でも、単語の意味を越えてある物語を想起させる、そんな技巧が凝らされることがあります。拠り所となる古典の文句のことを〈典故〉と呼びます。中国語の読解でも典故を知ると、文章全体の意味ががらっとかわり、より味わい深いものとしてとらえられることがあります。『漢語大詞典』を引くと、語の初出に近い用例を知ることができます。典故となった詩や〈故事〉を探してみましょう。そのほか、〈成語〉や〈歇後語〉（しゃれことば）も注意が必要です。

　現代文でもほかの作家の小説の一節や詩が引用されることがあります。中国のサイトで検索語にして調べてみると出典がわかることもあります。出典がわかってもそれで満足せず、紙媒体の本を探し、どこに載っているのかをしっかり確認し、前後の文章も読むようにしましょう。

　出典を探す際は、〈版本〉（バージョン）の違いに注意が必要です。中国では版本の違いによる、字句の〈異同〉（違い）が多くあります。古い

著作は版本が複数あることもありますが、たいていはなにかの〈叢書（そうしょ）〉に収められています。**上海図書館編『中国叢書綜録』**（上海古籍出版社、2007）などが定番の工具書でしたが、図書館の OPAC でも調べることができます。[33] **台湾中央研究院圖書館服務「館蔵査詢」**なども活用してみましょう。

　小説も初出雑誌と単行本、単行本でも刊行年によって内容が違うことがあります。版本に異同がないかしっかり確認しましょう。翻訳と原文を対照させるときは、翻訳のもととなったテキスト〈底本（ていほん）〉を確認する必要があります。

情報が氾濫する時代に

　本章では、論文やレポートに役立つ一歩進んだ調べもののヒントとコツを紹介してきました。データベースを使いこなすためには明確な目的と専門的な知識が必要です。

　落語家の立川談志は「型破り（かたやぶ）」と「形無し（かたな）」を弁別しています。一般的な型を一通りおさえた上で新機軸を打ち出すから「型破り」なのであって、基本を踏まえていなければ、それは単なる「形無し」です。分野ごとに知っておくべき知識や踏まえるべき文献の扱い方があります。調べものを進めて考えてゆくには、その前提として専門的な知識を広げる必要があります。[34] 領域横断的な学際的研究は魅力的に聞こえますが、まずは分野ごとの研究手法をしっかり把握しましょう。

　情報収集の方法も変わり、SNS を活用すればさまざまな情報に触れ

33　国立国会図書館リサーチ・ナビ「中国の叢書」に詳しい調べ方が載っています。

34　専門分野ごとに読むべき本が変わります。東方書店の「中国を学ぶための入門書ガイドブック」を参考にしましょう。岩波書店の「書物誕生」シリーズの中国関連の本や、「京大人文研漢籍セミナー」、立命館孔子学院編『中国近世文学と中国文化』（立命館、2012）は中国学の奥深さや面白さを教えてくれます。佐藤信弥『中国古代史研究の最前線』（星海社新書、2018）や、渡邉義浩『はじめて学ぶ中国思想』（ミネルヴァ書房、2018）、坂出祥伸『初学者のための中国古典文献入門』（ちくま学芸文庫、2018）などの入門書も役に立ちます。

ることができるようになりました[35]。今後、資料のデジタル化がますます進み、どんどん便利になってゆくことでしょう。これからの時代、情報のうみを、どのようにわたってゆくかがより重要になるでしょう[36]。

　しかし、情報が氾濫するこんな時代だからこそ、作品や作家、事件に関する資料をじっくり読み、思索に耽(ふけ)ることも必要ではないでしょうか。ツールを活用し資料を集めて外堀を埋めても、肝心の研究対象に直結する文献を読み解けなければ、核心には迫れないからです。

　人文学系の学問は誰にでもできるものと考える向きもあります。しかし、文献を読み解くために、辞書を引くのはもちろんのこと、典故を確認し、一次資料にあたり、時代背景を調べ、文献を読み解くためにほかの文献資料を集め、それと同時に先行研究を整理しつつ、そして方法論について調べる。無限にも思える資料を集め、資料のやまに真摯(しんし)に向き合い、正確に読み解いた上で、文中で用いる語の定義をはっきりさせながら、考えに考えたことを、切り落として文章化してゆく作業は、時に孤独で時にきついものです。しかし、資料を探し当てたり、なにかを発見することには知的興奮が伴うものです。好奇心があれば、対象により深く迫ることができ、努力の先には新たな発見があるはずです。そして文章を書き上げた後の達成感は格別なものです。

　中国語圏にはまだまだ私たちが知らない面白いことが多くあり、わかっているようでわかっていないこともまだたくさんあります。ともに本を読み考えて、面白いものを探してみませんか。

35　スマホアプリの「微信（Wechat）」は、公式アカウント（"公衆号"）を登録することで、さまざまな情報を得ることができます。

36　ネットでの情報発信方法も時代とともに変化しています。中国の情報収集もアンテナを広く張りましょう。ブログやSNSで発信する研究者や同好の志がいるかもしれません。ブログは廃れつつありますが、まだ情報発信のツールとしては有用です。中国モダニズム研究会のブログでは会員の投稿記事を読むことができます。また、古勝隆一氏のブログ「文言基礎」は更新こそとまっていますが、文言を読むための基礎知識や技が紹介されています。

 読んでみよう・調べてみよう！

1　テーマをひとつしぼり、CiNii を使って先行研究を調べ、自分
　　の参考文献目録を作ってみよう

2　自分のテーマに関して、データベースを活用して、関連文献を
　　集めて読み込み、レポートを完成させよう

あとがき

　目覚ましい経済発展を遂げた中国は、ともすれば自然科学や工業といった、これまで日本が得意としてきた領域までも私たちを追い抜き、私たちから仕事を奪ってしまう「脅威」として語られることが多くなったように感じます。また中国のある一部分、例えば、急速なキャッシュレス化が進み、買い物をする際には携帯電話でピピッとするだけ、タクシーもアプリで呼ぶようになり、現金の使い勝手が悪くなった、といった情報が誇張されて伝えられることもあります。

　これは、中国が、日本がまだ体験したことがない未来都市、未来国家の構築に向かって突き進んでいるのではないかという、私たちの心の底にある恐怖に基づくものではないかとも考えられます。

　そうした側面は冷静に受け止めて、この巨大な隣人と新たな関係を築いていかなければならないと思うものの、少しばかり肩に力を入れて、緊張しながら実際に中国に足を運ぶと、一般市民は、意外なほど平凡な、普通の暮らしをしているものです。

　この『ドラゴン解剖学・竜の生態の巻　中華生活文化誌』は、そうした中華圏に暮らす市井の人々の、衣食住や冠婚葬祭、また「聞く」「見る」「話す」といった視聴覚から、受験戦争や就職活動まで、市井の人々の生活と思考様式について、歴史を踏まえながら、紹介したものです。

　さて、中華圏の近現代文化を専門とする若手研究者が集まって発足した中国モダニズム研究会、略称「モダ研」は、2019年に10周年を迎えます。その目玉企画として、全3巻の計画でスタートした「ドラゴン解剖学」シリーズは、記録によれば、2012年6月の高知合宿で、第1回の原稿検討会を行いました。それから6年、1年に2回の原稿検討会でメンバーが持ち寄った原稿について意見を交わし、2年に1冊刊行というペースを守りました。そしてついに、第3巻『ドラゴン解剖学・竜の生態の巻　中華生活文化誌』をみなさんにお届けすることができること

は、まことに感慨深いものがあります。

　かえりみれば、この 10 年は、山あり谷あり、決して平坦な道ではなかったかもしれません。10 年前に新進気鋭（？）だった若手メンバーも、今では少しお腹が出た、中堅（中年？）と言われる立場になりました。そんな中、若いメンバーの加入もあり、また近い将来、新たな企画を打ち出して、社会に発信する準備を進めています。

　最後に、関西学院大学出版会の戸坂美果さんには、第 1 巻、第 2 巻に続き、この第 3 巻の編集でも、大変お世話になりました。お礼を申し上げます。

中 野 　知 洋

中国地図

執筆者一覧

＊中華圏　わたしのおススメ

神谷まり子（かみや まりこ）　　日本大学……………………………………… 第1章
　＊マレーシア・ペナン島の「ホテル・ペナガ」
　　暑さに強い人なら、街歩きに最高のロケーション。周囲の食堂も美味

米井由美（よねい ゆみ）　　　文化学園大学……………………………… 第2章
　＊上海やその周辺で清明節に食べる「青団」（草餅）
　　こし餡以外に肉入りのものもあります。「沈大成」など人気店は行列覚悟で

津守　陽（つもり あき）　　　京都大学…………………………………… 第3章
　＊土地ごとの旬が味わえる「野菜」（野草や山菜）
　　中国野菜は青梗菜だけじゃない。水芹、馬蘭頭、蒿蒿、香椿頭、香り高い「野菜」
　　には季節の喜びがあります

加部勇一郎（かべ ゆういちろう）立命館大学…………………………… 第4章
　＊単偉のマンガ『一回憶、就幸福』（思い返せば幸せ）
　　一般庶民の思い出話が、シンプルな絵と文とで綴られています

日野杉匡大（ひのすぎ ただひろ）北海学園大学等非常勤講師…………… 第5章
　＊スマートフォン用カラオケ練習アプリ「天籟K歌」
　　C-POPのMV（歌詞つき）がどっさり。自宅で中華カラオケをどうぞ

杉村安幾子（すぎむら あきこ）　日本女子大学 ……………… はじめに・第6章
　＊『咒絲』（2013）などの中国製ホラー映画
　　怪異現象に必ず科学的理由があるので、全然怖くない。まだまだ発展の余地あ
　　る成長株（？）

中野知洋（なかの ともひろ）　大阪教育大学 ……………… おわりに・第7章
　＊重慶の老舗火鍋店「洞子老火鍋」
　　重慶の街の中心・解放碑から徒歩2分。地元ファンが舌鼓を打つ本場の味

中国モダニズム研究会

略　歴

2009 年 10 月	研究会の結成について協議
2010 年　7 月	第 1 回研究例会を開催、以降年に 2-3 回の例会を開催中
2011 年 12 月	富山大学環日本海地域研究シンポジウム「中華圏のモダニズム」を開催
2012 年　9 月	中国文芸研究会の夏期合宿で特集「中国モダニズム」を組む
2013 年　2 月	中国文芸研究会の機関誌『野草』第 91 号で特集「中国モダニズム文学を読み直す」を組む
2014 年 10 月	『ドラゴン解剖学・登竜門の巻　中国現代文化 14 講』(関西学院大学出版会) 刊行
2016 年 10 月	『ドラゴン解剖学・竜の子孫の巻　中華文化スター列伝』(同) 刊行
2018 年 10 月	『ドラゴン解剖学・竜の生態の巻　中華生活文化誌』(本書) 刊行
2021 年　3 月	『夜の華——中国モダニズム研究会論集』(中国文庫) 刊行
現　在	モダニズム研究以外に、「中華圏の都市を歩く」「博物館から見た中華圏」などの共同研究、論文集の刊行、本シリーズ「ドラゴン解剖学」執筆などの活動を展開中

ドラゴン解剖学　竜の生態の巻

中華生活文化誌

2018 年 10 月 10 日 初版第一刷発行
2025 年　5 月 10 日 初版第二刷発行

著　者　中国モダニズム研究会

発行者　田村和彦
発行所　関西学院大学出版会
所在地　〒 662-0891
　　　　兵庫県西宮市上ケ原一番町 1-155
電　話　0798-53-7002

印　刷　協和印刷株式会社

©2018 Chinese Modern Literature Association in Japan
Printed in Japan by Kwansei Gakuin University Press
ISBN 978-4-86283-269-6